Holger Fröhlich
Kapitalismus in Leichter Sprache

Holger Fröhlich ist Journalist. Seine Arbeit wurde mehrfach ausgezeichnet. Seit 2010 schreibt er überwiegend für das Wirtschaftsmagazin «brand eins». Dort erscheint seit 2016 auch seine monatliche Kolumne, in der er komplizierte Texte aus Wirtschaft und Gesellschaft in Leichte Sprache übersetzt.
Seit seinem Studium der Allgemeinen Rhetorik und Vergleichenden Religionswissenschaft denkt und arbeitet er zu Sprache und Verständlichkeit. Dazu hält er auch Vorträge und gibt Workshops.

Holger Fröhlich

Kapitalismus in Leichter Sprache

brandeinsbooks

Inhalt

Grenz·nutzen 8

Externalitäten 10

Kapital·rendite 12

Austeritäts·politik 14

Gini-Koeffizient 16

Sozial·abbau 18

Preis·elastizität 20

Markt·eintritts·barriere 22

Steuer·vermeidung 25

Quantitative Lockerung 28

Lohn·stagnation 30

Mindest·lohn 32

Neo·liberal·ismus 34

Shareholder-Value 36

Frei·handels·abkommen 38

Markt·wirtschaft 40

Privat·eigentum 43

Gewinn·streben 46

Angebot und Nachfrage 48

Arbeits·teilung 50

Wirtschafts·lobby·ismus 52

Kapital·akkumulation 54

Lohn-Preis-Spirale 56

Sach·wert·preis·blase 59

Gefangenen·dilemma 61

Verbraucher·preis·index 64

Rent-seeking 66

Kapital·flucht 68

Jahres·haupt·versammlung 70

De·regulierung 72

Regulierungs·arbitrage 74

Too big to fail 76

Ressourcen·allokation 78

Opportunitäts·kosten 80

Liquiditäts·präferenz 82

Informations·asymmetrie 84

Struktur·wandel 86

Protektion·ismus 88

Zombie·firmen 90

Zahlungs·bilanz 92

Kapital·verkehrs·kontrollen 94

Kredit·klemme 96

Schatten·banken 98

Staats·verschuldung 100

Bedingungs·loses Grund·einkommen 102

Komparativer Kosten·vorteil 104

Human·kapital 107

Wettbewerbs·verzerrung 110

Magisches Vier·eck 112

Global·isierung 114

Kapital·ertrag·steuer 117

Dumping 120

Lohn·stück·kosten 122

Wirtschafts·wachstums·zwang 124

Prekariat 126

*Wirtschaft geht uns alle an.
Und alle sollen sie verstehen.
Dieses Buch hilft dabei.*

Selbst Chefs und Politikerinnen.

Grenz·nutzen

Das hat damit zu tun:
– Preis·elastizität
– Angebot und Nachfrage
– Opportunitäts·kosten

Das Wort Grenz·nutzen hat zwei Teile.

Der erste Teil von dem Wort ist: Grenze.
Eine Grenze ist wie ein Ende.
Zum Beispiel: Ein Land hat eine Grenze.
Da ist das Land zu Ende.

Der zweite Teil von dem Wort ist: Nutzen.
Nutzen heißt: So viel bringt mir das.
Der Nutzen von einer Sache kann sich ändern.

Vielleicht habe ich Hunger.
Dann ist der Nutzen von einem Brot groß.
Oder vielleicht habe ich keinen Hunger.
Dann ist der Nutzen von einem Brot klein.

Was ist Grenz·nutzen?
Das ist die Veränderung vom Nutzen.
Zum Beispiel: Ich habe Hunger und esse ein Brot.
Beim ersten Bissen ist der Nutzen sehr groß.

Beim zweiten Bissen ist der Nutzen ein bisschen kleiner.
Denn ich habe ein bisschen weniger Hunger.
Der Grenz·nutzen wird bei jedem Bissen kleiner.

Der Grenz·nutzen kann auch bei 0 sein.
Dann bin ich ganz satt.
Und der Grenz·nutzen kann sogar kleiner sein als 0.
Dann ist mir schlecht.

Warum braucht man das?
Zum Beispiel: Eine Firma erfindet einen Föhn.
– Der erste Föhn von der Firma geht nie kaputt.
Da ist der Grenz·nutzen nach dem Kaufen bei 0.
Denn die Leute brauchen nie mehr einen neuen Föhn.
– Der zweite Föhn geht nach zwei Jahren kaputt.
Da ist der Grenz·nutzen höher.
Denn die Leute brauchen immer wieder neue Föhne.
Das ist blöd für die Leute.
Aber es ist gut für die Firma.
Denn die Firma macht damit mehr Geld.
Deswegen schauen die Firmen auf den Grenz·nutzen.

Externalitäten

Das hat damit zu tun:
– Grenz·nutzen
– Preis·elastizität
– Ressourcen·allokation

Das Wort kommt aus der Sprache Latein.
Diese Sprache spricht heute fast keiner mehr.
Der wichtige Teil von dem Wort ist: extern.
Das heißt auf Deutsch: draußen.

Was sind Externalitäten?
Das sind die Folgen von einer Sache für andere Leute.
Es gibt gute und schlechte Externalitäten.
Die guten heißen: «positive Externalitäten».
Die schlechten heißen: «negative Externalitäten».

Was sind schlechte Externalitäten?
Zum Beispiel: Eine Firma verkauft Autos.
Die Autos machen die Luft schmutzig.
Das sind schlechte Folgen für die Leute.
Der Firma kann die schmutzige Luft egal sein.
Sie bezahlt nichts für die schmutzige Luft.
Denn die Luft gehört ihr nicht.
Aber die Leute müssen die schmutzige Luft einatmen.
Davon werden sie krank.

Aber den Arzt müssen sie selber bezahlen.
Die Leute bezahlen für die schlechten Externalitäten.

Was sind gute Externalitäten?
Zum Beispiel: Eine Firma verkauft Bäume.
Die Bäume machen die Luft sauber.
Das sind gute Folgen für die Leute.
Der Firma kann die Luft egal sein.
Sie kriegt kein Geld für die saubere Luft.
Denn die Luft gehört ihr nicht.
Aber die Leute können die saubere Luft atmen.
Davon werden die Leute gesund.
Die Leute gewinnen durch die guten Externalitäten.

Manchmal macht die Regierung Regeln.
Damit die Firmen das nicht ausnutzen.

Kapital·rendite

Das hat damit zu tun:
– Kapital·akkumulation
– Kapital·ertrag·steuer
– Kapital·verkehrs·kontrollen

Das Wort hat zwei Teile.

Der erste Teil von dem Wort ist: Kapital.
Was bedeutet Kapital?
Eine Firma verkauft Sachen.
Dafür kriegt die Firma Geld.
Mit dem Geld kann die Firma Sachen machen.
Zum Beispiel:
Die Mitarbeiter bezahlen oder Werk·zeug kaufen.
Das Geld von der Firma heißt Kapital.

Der zweite Teil von dem Wort ist: Rendite.
Was bedeutet Rendite?
Ich kann Geld für verschiedene Sachen ausgeben.
Zum Beispiel: Ich kann Kuchen kaufen.
Dann esse ich den Kuchen.
Dann ist das Geld weg.
Aber ich kann das Geld auch investieren.
Das heißt: Ich gebe das Geld erst mal aus.
Aber danach soll mehr Geld zu mir zurück·kommen.

Das Geld ist dann nicht weg.
Es soll mehr werden.
Manchmal klappt das.
Dann kann man ausrechnen: Habe ich jetzt mehr Geld?
Das ist die Rendite.

Was ist Kapital·rendite?
Das ist die Rendite von einer Firma.
Die Firma hat Kapital.
Dieses Kapital investiert die Firma.
Denn das Geld soll mehr werden.
Also kauft die Firma neue Sachen.
Zum Beispiel: eine bessere Maschine.
Die kann schneller arbeiten.
Am Ende rechnet die Firma aus:
– Wie viel Geld habe ich mehr als vorher?
Das ist die Kapital·rendite.

Austeritäts·politik

Das hat damit zu tun:
– Neo·liberal·ismus
– Sozial·abbau
– Staats·verschuldung

Das Wort Austeritäts·politik hat zwei Teile.

Der erste Teil von dem Wort ist: Austerität.
Das Wort kommt aus der Sprache Latein.
Diese Sprache spricht heute fast keiner mehr.
Das heißt auf Deutsch: streng sein.

Das zweite Wort ist: Politik.
Die Regierung kümmert sich um die Leute im Land.
In der Regierung arbeiten die Politiker.
Die Arbeit von den Politikern heißt: Politik.

Was ist Austeritäts·politik?
Das ist die Politik vom Streng-Sein.
Dann sagt die Regierung: Wir müssen jetzt sparen!
Wann macht die Regierung das?
Meistens nach einem großen Schock.
Zum Beispiel: im Jahr 2008.
Da sind auf einmal große Banken pleite gewesen.
Deswegen haben viele Leute ihre Arbeit verloren.

Diese Leute haben dann keine Steuern mehr gezahlt.
Und ohne Steuern hat die Regierung weniger Geld.
Deswegen hat die Regierung damals gesagt:
– Wir kriegen weniger Geld rein.
– Also geben wir jetzt auch weniger Geld aus.

In Europa gibt es arme und reiche Länder.
Oft haben die armen Länder Schulden.
Beim Schock sind die Schulden noch mehr geworden.
Da haben die reichen Länder zu ihnen gesagt:
– Jetzt könnt ihr eure Schulden nicht bezahlen.
– Weil ihr nicht genug Geld habt.
– Also müsst ihr jetzt richtig sparen.
– Sonst kriegt ihr kein Geld mehr von uns.
Das war schwer für die armen Länder.
Denn die armen Länder haben oft vorher schon gespart.

Gini-Koeffizient

Das hat damit zu tun:
– Kapital·akkumulation
– Lohn·stagnation
– Prekariat

Das Wort hat zwei Teile.

Der erste Teil von dem Wort ist: Gini.
So sprichst du es aus: Dschini.
Es ist der Nachname von einem Forscher aus Italien.
Der Forscher heißt: Corrado Gini.

Das zweite Wort ist: Koeffizient.
Man spricht es so aus: Ko-Effizient.
Es ist eine schwere Rechnung.
Am Ende kommt eine Zahl dabei raus.
Diese Zahl zeigt einen Unterschied an.

Was ist der Gini-Koeffizient?
Das ist eine Zahl zwischen 0 und 1.
Sie sagt: So gleich ist das Geld bei den Leuten verteilt.
– Bei 0 haben alle Leute gleich viel Geld.
– Bei 0,5 haben manche viel und andere wenig Geld.
– Bei 1 hat einer alles und die anderen gar nichts.

Wozu braucht man das?
Damit kann man Länder vergleichen.
Zum Beispiel: Verdienen die Reichen viel mehr?
Dazu rechnet man den Gini-Koeffizienten mal 100.
So kann man die Zahl leichter lesen.
Die Zahl heißt dann: Gini-Index.

In Deutschland ist der Gini-Index 31.
Ein paar Länder haben eine kleinere Zahl.
Zum Beispiel: Slowakei, Slowenien, Belgien.
Aber viele Länder haben eine größere Zahl.
Zum Beispiel: Süd·afrika, Namibia, Brasilien.
Da haben die Reichen viel mehr Geld als die Armen.
Das Geld ist ganz schlecht verteilt.

Und wie sieht es in Deutschland aus?
Hier ist das Geld nicht gleich verteilt.
Aber es ist besser verteilt als in anderen Ländern.

Sozial·abbau

Das hat damit zu tun:
– Austeritäts·politik
– Neo·liberal·ismus
– Prekariat

Das Wort hat zwei Teile.
Der erste Teil von dem Wort ist: sozial.
Dieses Wort hat viele Bedeutungen.
Hier heißt es: Menschen helfen.
Manche Menschen haben Probleme.
Vielleicht sind sie arm oder krank.
Dann sagt die Regierung: Wir geben euch Geld.
Diese Hilfe heißt: Sozial·leistung.

Das zweite Wort ist Abbau.
Das heißt: Etwas wird kleiner gemacht.

Was ist Sozial·abbau?
Das heißt: Es gibt weniger Sozial·leistung als vorher.
Zum Beispiel:
Früher hat der arme Mensch 100 Euro gekriegt.
Dann kriegt er heute nur noch 80 Euro.
Das ist schlecht für die armen Leute.

Warum macht die Regierung das?
Vielleicht hat sie zu wenig Geld.
Dann kann sie den Leuten nicht so viel Geld geben.

Manche Leute sagen aber auch:
– Die Menschen mit Problemen sind faul.
– Die sollten weniger Geld von der Regierung kriegen.
– Dann arbeiten diese Menschen wieder mehr.
Diese Leute waren oft selber nie arm oder krank.

Preis·elastizität

Das hat damit zu tun:
– Grenz·nutzen
– Angebot und Nachfrage
– Markt·wirtschaft

Das Wort hat zwei Teile.

Der erste Teil von dem Wort ist: Preis.
Das heißt: So viel kostet eine Sache.

Der zweite Teil von dem Wort ist: Elastizität.
Das heißt: Wie weit kann man etwas ziehen?
Zum Beispiel: ein Gummi.
Das Gummi kann man lang ziehen.
Das ist die Elastizität.
Man sagt: Das Gummi ist elastisch.
Aber irgendwann reißt es.
Dann ist die Elastizität zu Ende.

Was ist Preis·elastizität?
Manchmal denkt eine Firma: Jetzt will ich mehr Geld.
Dann macht sie ihr Produkt teurer.
Aber die Firma muss aufpassen.
Denn vielleicht ist es den Leuten damit zu teuer.
Dann kaufen sie weniger.

Vielleicht macht die Firma am Ende weniger Geld.
Deswegen rechnet die Firma aus:
Wie viel weniger kaufen die Leute beim teureren Preis?
Das ist die Preis·elastizität.

Manchmal ist die Preis·elastizität groß.
Zum Beispiel: Eine Firma macht einen Stuhl teurer.
Dann sagen die Leute:
– Der Stuhl ist mir jetzt zu teuer.
– Ich kaufe ihn bei einer anderen Firma.
Denn viele Firmen verkaufen Stühle.

Manchmal ist die Preis·elastizität klein.
Zum Beispiel: Eine Firma macht Medizin teurer.
Dann sagen die Leute:
– Die Medizin ist mir jetzt zu teuer.
– Aber ich brauche sie unbedingt.
Denn es gibt die Medizin nur von der einen Firma.
Also kaufen die Leute auch die teure Medizin.
Weil sie sonst sterben.
So kann die Firma die Medizin immer teurer machen.
Denn keine andere Firma verkauft diese Medizin.
Das ist gut für die Firma.

Markt·eintritts·barriere

Das hat damit zu tun:
– Wettbewerbs·verzerrung
– De·regulierung
– Frei·handels·abkommen

Das Wort hat drei Teile.

Der erste Teil von dem Wort ist: Markt.
Auf einem Markt kann man Sachen kaufen.
Zum Beispiel: ein Super·markt.

Der zweite Teil von dem Wort ist: Eintritt.
Das heißt: Man geht irgendwo rein.

Der dritte Teil von dem Wort ist: Barriere.
Eine Barriere ist wie eine Schranke.
Sie versperrt den Weg.

Was bedeutet Markt·eintritts·barriere?
Das ist eine Schranke für Firmen.
Sie versperrt den Weg zu einem Markt.
Zum Beispiel: Eine neue Firma will Autos verkaufen.
Aber das machen schon viele andere Firmen.
Diese Firmen sind bereits bekannt.
Also muss die neue Firma viel Werbung machen.

Sonst kennt sie keiner.
Aber die Werbung ist sehr teuer.
Vielleicht kann sich die Firma das nicht leisten.
Das ist eine Markt·eintritts·barriere für die Firma.

Welche Folgen hat das?
Manchmal ist die Markt·eintritts·barriere groß.
Dann ist der Eintritt in den Markt sehr schwer.
Also gibt es nur ein paar alte Firmen.
Dann haben die Leute wenig Auswahl.
Und die alten Firmen können die Preise teurer machen.

Das ist schlecht für die Leute.
Und es ist schlecht für die neuen Firmen.
Aber es ist gut für die alten Firmen.

Eigentlich müssen alle Leute Steuern bezahlen.

Steuer·vermeidung

Das hat damit zu tun:
– De·regulierung
– Wirtschafts·lobby·ismus
– Regulierungs·arbitrage

Das Wort hat zwei Teile.

Der erste Teil von dem Wort ist: Steuer.
Steuern sind das Einkommen vom Staat.
Die Leute kriegen Geld fürs Arbeiten.
Und davon geben sie was ab an den Staat.
Das ist die Steuer.
Damit kann die Regierung ihre Arbeit machen.
Zum Beispiel:
– Straßen und Brücken reparieren.
– Die Leute bei der Polizei und Feuerwehr bezahlen.
– Schulen und Kranken·häuser bauen.

Das zweite Teil von dem Wort ist: Vermeidung.
Das heißt: Ich will etwas lieber nicht machen.

Was ist Steuer·vermeidung?
Eigentlich müssen alle Leute Steuern bezahlen.
Aber das macht den Leuten keinen Spaß.
Denn sie müssen dafür was von ihrem Geld abgeben.

Dann haben sie selber weniger Geld zum Einkaufen.
Manche Leute sagen:
– Das ist mir zu blöd.
– Ich will so wenig Steuern zahlen wie möglich.
Sie wollen die Steuern vermeiden.

Dafür gibt es viele Tricks.
Manche sind einfach.
Und manche sind kompliziert.
Die Tricks sind erlaubt.
Dafür kriegt man keine Strafe.
Aber die Regierung hat dann weniger Geld.
Dann kann sie ihre Arbeit nicht mehr richtig machen.
Was passiert dann?
Zum Beispiel:
– Die Straßen haben Löcher.
– Die Polizei hat zu wenig Autos.
– In der Schule regnet es durchs Dach.

Die Leute zahlen dann erst mal weniger Steuern.
Dann haben sie mehr Geld zum Einkaufen.
Aber alle anderen müssen dann mehr bezahlen.
Weil sonst irgendwann alles im Land kaputtgeht.

Manchmal
gibt es ein
Problem mit
dem Geld.

Quantitative Lockerung

Das hat damit zu tun:
- *Kapital·flucht*
- *Kredit·klemme*
- *Staats·verschuldung*

Das erste Wort ist: quantitativ.
Das Wort hat mit Mathe zu tun.
Es heißt: So viel gibt es von einer Sache.

Das zweite Wort ist: Lockerung.
Das heißt: Etwas wird locker gemacht.
Es ist dann weniger streng.

Was ist Quantitative Lockerung?
Das hat mit Geld und mit Politik zu tun.
Manchmal gibt es ein Problem mit dem Geld.
Vielleicht haben gerade viele Leute keine Arbeit.
Dann haben sie kein Geld und kaufen nicht ein.
Dann verdienen die Firmen zu wenig Geld.
Und dann verlieren noch mehr Leute ihre Arbeit.
Das kann immer schlimmer werden.
Also sagt die Regierung: Wir machen jetzt Geld locker.

Wie macht die Regierung das?
Die Regierung hat eine eigene Bank.

Diese Bank heißt: Zentral·bank.
Die Zentral·bank kann neues Geld machen.
Das neue Geld kriegt dann die Regierung.
Damit macht die Regierung komplizierte Sachen.
Am Ende landet das Geld bei den normalen Banken.
Und die geben das Geld an die Leute und Firmen.
Die Leute können dann wieder einkaufen gehen.
Und die Firmen verdienen mehr Geld.
Dann gibt es auch wieder mehr Arbeit für die Leute.
So wird das Problem immer kleiner.

Aber die Regierung muss aufpassen.
Sie darf es nicht übertreiben.
Vielleicht macht die Zentral·bank zu viel neues Geld.
Dann werden alle Preise teurer.
Dann können die Leute wieder nicht einkaufen.
Dann wird das Problem noch viel größer.

Lohn·stagnation

Das hat damit zu tun:
– Mindest·lohn
– Lohn-Preis-Spirale
– Lohn·stück·kosten

Das Wort hat zwei Teile.

Der erste Teil von dem Wort ist: Lohn.
Das ist das Geld fürs Arbeiten.
Für jede Stunde Arbeit kriege ich einen Lohn.
Am Ende vom Monat kriege ich den Lohn bezahlt.

Der zweite Teil von dem Wort ist: Stagnation.
Das Wort kommt aus der Sprache Latein.
Diese Sprache spricht heute fast keiner mehr.
Das Wort heißt: Etwas wird nicht mehr größer.
Zum Beispiel: Am Anfang wächst ein Baum.
Aber irgendwann hört er auf mit dem Wachsen.
Dann stagniert sein Wachsen.

Was ist Lohn·stagnation?
Das heißt: Mein Lohn bleibt lange Zeit gleich.
Ich kriege gleich viel Geld wie früher.
Für die Firma ist das gut.
Denn sie spart damit Geld.

Aber für mich ist das schlecht.
Denn das Leben wird immer teurer.
Die Preise steigen meistens mit der Zeit.
Zum Beispiel: die Miete oder das Essen.
Das kostet heute mehr als früher.
Also muss ich mehr Geld ausgeben.
Aber ich kriege nicht mehr Lohn.
Dann habe ich weniger Geld übrig als früher.

Warum passiert das?
Vielleicht haben gerade viele Leute keine Arbeit.
Dann wollen die Firmen nicht mehr bezahlen.
Sie sagen:
– Sei still!
– Sonst nehmen wir jemand anderen.
Vielleicht hat die Firma aber auch zu wenig Geld.
Dann kann sie nicht mehr bezahlen.

Was kann man dagegen machen?
Ich kann zu meinem Chef sagen:
– Ich brauche mehr Geld.
– Denn das Leben ist teurer geworden.
Oder der Staat kann zu den Firmen sagen:
– Die Leute haben zu wenig Geld.
– Ihr müsst den Leuten mehr Geld geben.
Das nennt man: Mindest·lohn.

Mindest·lohn

Das hat damit zu tun:
– Lohn·stagnation
– Lohn·stück·kosten
– Prekariat

Das Wort hat zwei Teile.

Der erste Teil von dem Wort ist: mindestens.
Das ist der kleinste Teil von einer Sache.
Es darf nicht weniger sein als das.
Zum Beispiel: Ein Haus hat mindestens 1 Tür.
Es kann mehr Türen haben.
Aber nicht weniger.
Sonst kommt man nicht rein.

Der zweite Teil von dem Wort ist: Lohn.
Das ist das Geld für die Arbeit.
Für jede Stunde Arbeit kriege ich einen Lohn.
Am Ende vom Monat kriege ich den Lohn bezahlt.

Was ist ein Mindest·lohn?
Das ist der kleinste Lohn für eine Arbeit.
Weniger darf die Firma nicht bezahlen.

Vielleicht haben gerade viele Leute keine Arbeit.
Dann sagen manche: Ich arbeite für weniger Lohn.
Aber die Firma darf das nicht machen.
Sie muss den Mindest·lohn bezahlen.
Sonst kriegt sie eine Strafe.

Viele Länder haben einen Mindest·lohn.
Sie können die Höhe selber bestimmen.
In Deutschland sind es: 12 Euro.
So viel muss jeder für 1 Stunde Arbeit kriegen.
Egal welche Arbeit er macht.

Warum gibt es einen Mindest·lohn?
Er soll den Leuten helfen.
Denn manche Firmen wollen am Lohn sparen.
Sie wollen den Leuten am liebsten sehr wenig zahlen.
Aber dann haben die Leute nicht genug zum Leben.
Denn sie müssen die Miete und das Essen bezahlen.
Deswegen sagt der Staat:
– Weniger als 12 Euro für 1 Stunde Arbeit ist verboten!

Manche Leute finden den Mindest·lohn schlecht.
Sie sagen: Das können sich die Firmen nicht leisten.
Und: Die Firmen machen dann die Preise teurer.
Diese Leute haben selber nie vom Mindest·lohn gelebt.

Neo·liberal·ismus

Das hat damit zu tun:
– Frei·handels·abkommen
– De·regulierung
– Markt·wirtschaft

Das Wort hat drei Teile.

Der erste Teil von dem Wort ist: Neo.
Das Wort ist aus der Sprache Griechisch.
Aber aus einer alten Art von Griechisch.
Diese Sprache spricht heute fast keiner mehr.
Auf Deutsch heißt es: neu.

Der zweite Teil von dem Wort ist: Liberal.
Das Wort ist aus der Sprache Latein.
Diese Sprache spricht heute fast keiner mehr.
Auf Deutsch heißt es: frei.

Der dritte Teil von dem Wort ist: ismus.
Diesen Teil kann man hinten an andere Worte hängen.
Es heißt: Das ist eine Idee oder eine Meinung.
Also ist Liberalismus: die Idee von der Freiheit.

Was ist Neo·liberal·ismus?
Das ist eine bestimmte Meinung über Geld und Politik.

So sieht diese Meinung aus:
- Die Regierung soll die Firmen in Ruhe lassen.
- Und sie soll die Leute in Ruhe lassen.
- Die Firmen sollen um die Leute kämpfen.
- Dafür muss die Regierung sorgen.
- Aber sonst soll sie sich nicht einmischen.
- Denn die Firmen und die Leute können das alleine.

Was sind die Vorteile?
Oft geht es der Wirtschaft gut mit dieser Idee.
Dann haben die Leute mehr Arbeit und mehr Geld.

Was sind die Nachteile?
Die Regierung macht nur sehr wenige Regeln.
Für die Firmen gibt es fast nie Ärger.
Also benehmen sich manche Firmen schlecht.
Sie bezahlen den Leuten zum Beispiel zu wenig Geld.
Oder sie machen die Umwelt kaputt.
Dann geht es den Leuten schlecht.

Oft finden die reichen Leute den Neo·liberal·ismus gut.
Die armen Leute finden ihn oft nicht so gut.

Shareholder-Value

Das hat damit zu tun:
– Kapital·rendite
– Gewinn·streben
– Jahres·haupt·versammlung

Das Wort kommt aus der Sprache Englisch.
Diese Sprache sprechen sehr viele Leute auf der Welt.
Das Wort hat zwei Teile.

Der erste Teil von dem Wort ist: Shareholder.
Manche Firmen verkaufen Teile von sich selbst.
Dann kann ich einen Teil von der Firma kaufen.
Dieser Teil von der Firma heißt: Aktie.
Die Aktie kann ich nicht sehen oder anfassen.
Aber ich kriege vom Gewinn von der Firma etwas ab.

Der zweite Teil von dem Wort ist: Value.
Das heißt auf Deutsch: Wert.

Was ist Shareholder-Value?
So viel ist die Firma für die Besitzer von Aktien wert.
Vielleicht habe ich eine Aktie von einer Firma.
Die Aktie hat letztes Jahr 10 Euro gekostet.
Jetzt kostet die Aktie 15 Euro.

Also ist der Wert von der Firma für mich größer geworden.
Dann ist der Shareholder-Value gestiegen.

Die Firma sagt:
– Die Shareholder sollen glücklich sein.
– Denn sie haben der Firma Geld gegeben.
– Und sie wollen am Ende mehr Geld haben als vorher.
Daher will die Firma den Shareholder-Value vergrößern.

Wie kann die Firma den Shareholder-Value vergrößern?
Die Firma kann zum Beispiel mehr Geld verdienen.
Dafür muss die Firma mehr verkaufen.
Dann kriegen die Besitzer von den Aktien mehr Geld.
Und den Leuten in der Firma geht es gut.

Aber es gibt auch andere Möglichkeiten:
Die Firma kann zum Beispiel weniger Geld ausgeben.
Dann kriegen die Leute in der Firma weniger Gehalt.
Für die Besitzer von den Aktien ist beides gut.
Denn sie kriegen mehr Geld.
Aber für die Leute in der Firma ist das nicht gut.
Denn sie können sich jetzt weniger Sachen kaufen.
Vom gesparten Geld von der Firma kriegen sie nichts.
Das kriegen nur die Besitzer von den Aktien.
Deswegen finden den Shareholder-Value nicht alle gut.

Frei·handels·abkommen

Das hat damit zu tun:
– Globalisierung
– Protektion·ismus
– Markt·wirtschaft

Das Wort hat drei Teile.

Der erste Teil von dem Wort ist: Frei.
Das heißt: Ich bin nicht eingesperrt.

Der zweite Teil von dem Wort ist: Handel.
Das heißt: tauschen oder verkaufen von Sachen.

Zusammen heißen die zwei Worte: Frei·handel.
Das heißt: Man darf jeden Handel machen.
Es gibt keine Verbote oder Strafen dafür.

Das dritte Wort ist: Abkommen.
Das heißt: Leute haben sich auf etwas geeinigt.

Was ist ein Frei·handels·abkommen?
Das ist ein Abkommen von Ländern über den Handel.
Vielleicht hat ein Land viel Kohle und braucht Eisen.
Das andere Land hat viel Eisen und braucht Kohle.

Dann sagen die Länder: Wir machen den Handel frei.
Dann können sie einfacher Kohle und Eisen handeln.

Ohne ein Abkommen ist das anders.
Denn man kann nicht einfach ins Ausland verkaufen.
Dafür gibt es viele Regeln.
Oft muss man sogar Geld dafür bezahlen.

Warum gibt es diese Regeln?
In manchen Ländern zahlen Firmen weniger Gehalt.
Weil alle Leute im Land weniger Geld haben.
Diese Firmen können ihre Sachen billiger verkaufen.
Ohne Regeln kommen die billigen Sachen zu uns.
Dann kauft keiner mehr von unseren Firmen.
Sondern nur noch von den Firmen im Ausland.
Dann sind die Firmen aus unserem Land bald pleite.
Deswegen gibt es die Regeln und Strafen.
Die Regeln bestimmen den Preis oder die Menge.
Daran müssen sich die Länder halten.
Sonst müssen sie eine Strafe zahlen.

Aber manchmal wollen Länder frei handeln.
Beide denken dann: Damit kann ich was gewinnen.
Dann machen sie ein Frei·handels·abkommen.
Auf der Welt gibt es sehr viele Frei·handels·abkommen.

Markt·wirtschaft

Das hat damit zu tun:
– Kapital·akkumulation
– Angebot und Nachfrage
– Privat·eigentum

Das Wort hat zwei Teile.

Der erste Teil von dem Wort ist: Markt.
Da kann man Sachen kaufen und verkaufen.
In einem Markt treffen sich Käufer und Verkäufer.
Sie tauschen Sachen gegen Geld.

Der zweite Teil von dem Wort ist: Wirtschaft.
Das ist das Machen und Verkaufen von allen Sachen.
Das können wichtige Sachen sein:
Wie Essen und Trinken und Klamotten.
Oder es können weniger wichtige Sachen sein:
Wie Autos und Spiele und Süßigkeiten.
Das ist alles Wirtschaft.
Meistens muss man für die Sachen bezahlen.
So verdienen die Leute ihr Geld.
Und so geben sie es auch wieder aus.

Was bedeutet Markt·wirtschaft?
Hier ist der Preis von den Sachen sehr wichtig.

Dann gibt
es mehr Eier
als gestern.

Jede Sache in der Markt·wirtschaft hat ihren Preis.
Dann wissen die Leute: So viel kostet diese Sache.
Die Markt·wirtschaft sagt:
– Die Regierung soll die Preise nicht verändern.
– Die Preise entstehen von selbst.

Wie entstehen die Preise von selbst?
Zum Beispiel: Hühner auf dem Bauern·hof.
Vielleicht sind die Hühner heute gut drauf.
Dann gibt es mehr Eier als gestern.
Aber die Leute kaufen deswegen nicht mehr ein.
Dann werden die Eier billiger.
Aber vielleicht sind die Hühner schlecht drauf.
Dann gibt es weniger Eier als gestern.
Aber die Leute kaufen deswegen nicht weniger ein.
Dann werden die Eier teurer.
So ändert sich der Preis von selbst.

Die Freunde von der Markt·wirtschaft sagen:
– Das läuft super.
– Der Markt regelt alles.
Die Gegner von der Markt·wirtschaft sagen:
– Manchmal klappt das nicht.
– Dann gibt es Ärger.

Privat·eigentum

Das hat damit zu tun:
– Markt·wirtschaft
– Gewinn·streben
– Kapital·akkumulation

Das Wort hat zwei Teile.

Der erste Teil von dem Wort ist: privat.
Das heißt: Etwas geht nur mich was an.

Der zweite Teil von dem Wort ist: Eigentum.
Das bedeutet: Eine Sache gehört mir.
Ich darf damit alles machen.
Solange ich mich an die Gesetze halte.

Die Sache kann auch mehreren Leuten gehören.
Oder sie gehört dem Staat.
Dann ist sie öffentliches Eigentum.
Zum Beispiel: ein Park oder eine Straße.
Die dürfen alle benutzen.

Was ist Privat·eigentum?
Das ist eine private Art von Eigentum.
Eine Sache gehört nur mir oder einer Gruppe.
Sie gehört nicht dem Staat und nicht allen Leuten.

Privat-
eigentum
kann auch
Probleme
machen.

Zum Beispiel: Mir gehört eine Wohnung.
Dann darf ich drin wohnen.
Und ich darf sie vermieten.

Aber Eigentum hat auch Pflichten.
Zum Beispiel: Mir gehört ein Pferd.
Dann darf ich auf dem Pferd reiten.
Aber ich muss mich auch um das Pferd kümmern.
Ich darf es nicht verhungern lassen.
Ich bin für das Pferd verantwortlich.

Was sind die Vorteile?
Privat·eigentum motiviert die Leute.
Sie wollen dann immer mehr Sachen haben.
Deswegen brauchen sie mehr Geld und arbeiten viel.
Das ist gut für die Wirtschaft.

Was sind die Nachteile?
Privat·eigentum kann auch Probleme machen.
Denn die Leute haben nicht gleich viele Sachen.
Manche Leute haben viel.
Andere Leute haben wenig.
Das macht die Leute traurig oder wütend.
Sie finden das ungerecht.
Sie fragen dann:
Warum kriegen nicht alle Leute gleich viele Sachen?

Gewinn·streben

Das hat damit zu tun:
– Kapital·rendite
– Shareholder-Value
– Markt·wirtschaft

Das Wort hat zwei Teile.

Der erste Teil von dem Wort ist: Gewinn.
So viel Geld bleibt einer Firma am Ende übrig.
Zum Beispiel: Eine Firma will Bier verkaufen.
Dafür muss sie Bier herstellen und in Flaschen füllen.
Für diese Arbeit bezahlt die Firma die Arbeiter.
Das kostet die Firma 1 Euro für jede Flasche Bier.
Später verkauft sie die Flasche für 2 Euro.
Dann rechnet die Firma aus:
2 Euro Verkauf minus 1 Euro Kosten.
Am Ende bleibt für die Firma 1 Euro übrig.
Das ist der Gewinn.

Der zweite Teil von dem Wort ist: streben.
Das bedeutet: Ich will eine Sache unbedingt haben.

Was ist Gewinn·streben?
Dann sagt eine Firma: Ich will viel Gewinn machen.
Das kann sie freundlich oder unfreundlich machen.

Freundliches Gewinn·streben geht zum Beispiel so:
Die Firma macht ihr Produkt besser.
Dann sagen die Käufer: Dafür zahle ich gerne mehr.
Das ist gut für die Firma und gut für die Käufer.

Unfreundliches Gewinn·streben geht zum Beispiel so:
Die Firma bezahlt den Arbeitern weniger Geld.
Das ist gut für die Firma und schlecht für die Arbeiter.

Was sind die Vorteile?
Gewinn·streben ist gut für die Wirtschaft.
Die Firmen arbeiten besser und machen mehr Geld.
Dann kriegen die Arbeiter mehr Geld.
Und die Käufer kriegen bessere Produkte.

Was sind die Nachteile?
Das unfreundliche Gewinn·streben ist ein Problem.
Denn die Firma macht zwar Gewinn.
Aber die Kosten bezahlen die anderen.
Zum Beispiel:
– Die Arbeiter kriegen weniger Geld.
– Die Käufer kriegen schlechtere Produkte.
– Die Umwelt geht kaputt.

Angebot und Nachfrage

Das hat damit zu tun:
– Grenz·nutzen
– Preis·elastizität
– Ressourcen·allokation

Der Satz hat zwei Teile.

Der erste Teil von dem Satz ist: Angebot.
Das heißt: So viel gibt es von einer Sache.
Zum Beispiel: Eine Firma hat 100 Eimer gebaut.
Dann ist das Angebot: 100 Eimer.

Der zweite Teil von dem Satz ist: Nachfrage.
Das heißt: So sehr wollen die Leute eine Sache.
Zum Beispiel: 100 Leute wollen einen Eimer.
Dann ist die Nachfrage: 100 Eimer.

Was heißt Angebot und Nachfrage?
Hier geht es ums Geld.
Denn Angebot und Nachfrage bestimmen den Preis.
Am besten ist: Beides ist gleich groß.
Sonst gibt es Probleme.

Zum Beispiel: Eine Firma hat 100 Eimer gebaut.
Aber nur 5 Leute wollen einen Eimer kaufen.

Dann gibt es zu viele Eimer.
Also ist das Angebot groß und die Nachfrage klein.
Dann muss die Firma die Eimer billiger machen.

Aber vielleicht wollen auch 500 Leute Eimer kaufen.
Dann gibt es zu wenige Eimer.
Also ist das Angebot klein und die Nachfrage groß.
Dann kann die Firma die Eimer teurer machen.

Eine Firma kann nicht einfach so Preise teurer machen.
Sonst macht sie eine andere Firma billiger.
Dann kaufen die Leute bei der anderen Firma.
Das ist gut für die Leute.
Denn sie können billiger einkaufen.

Aber manchmal gibt es Sachen nur von einer Firma.
Dann ist das Angebot klein.
Die Firma kann dann die Preise alleine bestimmen.
Das ist gut für die Firma.
Denn sie kann die Preise teurer machen.
Aber es ist schlecht für die Leute.
Denn es gibt keine andere Firma.
Also müssen sie die teuren Preise bezahlen.

Arbeits·teilung

Das hat damit zu tun:
– Angebot und Nachfrage
– Markt·wirtschaft
– Human·kapital

Das Wort hat zwei Teile.

Der erste Teil von dem Wort ist: Arbeit.
Es gibt verschiedene Arten von Arbeit.
Oft kriegt man für die Arbeit Geld.
Aber nicht immer.
Kochen oder Putzen zu Hause ist auch Arbeit.
Aber dafür kriegt man kein Geld.

Das zweite Wort ist: Teilung.
Das heißt: Man teilt eine Sache in mehrere Teile auf.

Was ist Arbeits·teilung?
Da teilt man eine Arbeit in mehrere Teile auf.
Zum Beispiel: Eine Firma will ein Auto bauen.
Dafür hat die Firma Arbeiter.
Aber kein Arbeiter kann ein Auto alleine bauen.
Denn das ist viel zu kompliziert.
Deswegen hat die Firma verschiedene Arbeiter.
Und die können verschiedene Sachen.

Einer kann gut Motoren bauen.
Einer kann gut Türen bauen.
Einer kann gut Sitze bauen.
Und so weiter.
Alle Arbeiter bauen zusammen das Auto.
Das Auto ist die große Arbeit.
Aber jeder Arbeiter macht seine eigene Arbeit.
Das sind die einzelnen Teile von der großen Arbeit.

Was ist der Vorteil?
So kann die Firma komplizierte Sachen bauen.
Zum Beispiel: Computer oder Flug·zeuge.
Und die Arbeiter müssen nicht alles können.

Was ist der Nachteil?
Manche Leute kriegen nur kleine Aufgaben.
Manchmal ist das nur eine Bewegung mit der Hand.
Aber diese Bewegung ist ihre Arbeit.
Die müssen sie den ganzen Tag machen.
Das ist langweilig.
Und manchmal kann es sogar krank machen.

Wirtschafts·lobby·ismus

Das hat damit zu tun:
– Kapital·akkumulation
– Neo·liberal·ismus
– De·regulierung

Das Wort hat drei Teile.

Der erste Teil von dem Wort ist: Wirtschaft.
Das Wort hat mit Arbeit und Geld zu tun.
Die meisten Leute auf der Welt wollen zufrieden sein.
Sie wollen Essen und Trinken und Spaß haben.
Dafür gehen die Leute arbeiten.
Da kriegen sie Geld.
Und da stellen sie Sachen her.
Alleine oder in einer Firma oder beim Staat.
Das alles ist Wirtschaft.
Die Wirtschaft kann gut sein.
Dann wird viel hergestellt.
Und es gibt viel Geld.
Die Wirtschaft kann auch schlecht sein.
Dann wird wenig hergestellt.
Und es gibt wenig Geld.

Der zweite Teil von dem Wort ist: Lobby.
Das Wort kommt aus der Sprache Englisch.

Diese Sprache sprechen sehr viele Leute auf der Welt.
Man spricht es so aus: Lobbi.
Eine Lobby ist: eine Gruppe von Leuten.
Sie sagt: Die anderen sollen so denken wie wir.

Der dritte Teil von dem Wort ist: ismus.
Diesen Teil kann man hinten an andere Worte hängen.
Hier heißt er: Es gibt viele Lobby-Gruppen.

Was ist Wirtschafts·lobby·ismus?
Das sind Lobby-Gruppen aus der Wirtschaft.
Meistens wollen sie Firmen helfen.
Zum Beispiel: Es soll weniger Steuern geben.
Dann können die Firmen mehr Geld machen.
Also überredet die Lobby-Gruppe die Politiker.
Sie sagt: Mit weniger Steuern ist das Leben schöner.
Manchmal macht die Gruppe auch Geschenke.
Große Geschenke sind oft verboten.

Ist Wirtschafts·lobby·ismus gut oder schlecht?
Die Lobby-Gruppen sind wie Zauberer.
Es gibt gute und böse Zauberer.
Sie sind sehr mächtig und können die Welt verändern.
Manche machen die Welt besser.
Manche machen die Welt schlechter.
Meistens machen sie die Welt schlechter.
Denn meistens denken sie nur an sich.

Kapital·akkumulation

Das hat damit zu tun:
– Kapital·rendite
– Kapital·flucht
– Kapital·ertrag·steuer

Das Wort hat zwei Teile.

Der erste Teil von dem Wort ist: Kapital.
Das heißt: Eine Firma verkauft Sachen.
Dafür kriegt die Firma Geld.
Das Geld von einer Firma heißt: Kapital.

Der zweite Teil von dem Wort ist: Akkumulation.
Das bedeutet: etwas sammeln.

Was ist Kapital·akkumulation?
So kann sich eine Firma verhalten.
Dann spart sie ihr Geld und gibt es nicht aus.
Sie sammelt immer mehr Kapital.
Die Firma kann davon eine neue Maschine kaufen.
Aber sie macht es nicht.
Sie will lieber noch mehr Kapital.

Warum macht die Firma das?
Vielleicht gibt es noch eine bessere Maschine.

Aber die ist noch zu teuer für die Firma.
Also muss die Firma noch sparen.
Erst dann kann sie die bessere Maschine bezahlen.
Mit der billigen Maschine macht die Firma mehr Geld.
Aber mit der teuren macht sie noch mehr Geld.
Dann lohnt sich das Warten für die Firma.

Eigentlich heißt Kapital·akkumulation also nur: Sparen.
Ich sammle mein Geld und kaufe dann was Großes.
Und damit kann ich mehr machen.

Kapital·akkumulation ist wie ein Schnee·ball.
Der Schnee·ball ist am Anfang klein und langsam.
Dann rollt er den Berg runter.
Er sammelt immer mehr Schnee.
Dadurch wird er immer größer und schneller.
Am Ende ist der Schneeball riesig und sehr schnell.

Lohn-Preis-Spirale

Das hat damit zu tun:
– Lohn·stück·kosten
– Inflation
– Wirtschafts·wachstums·zwang

Das Wort hat drei Teile.

Der erste Teil von dem Wort ist: Lohn.
Das ist das Geld fürs Arbeiten.
Für jede Stunde Arbeit kriege ich einen Lohn.
Am Ende vom Monat kriege ich den Lohn bezahlt.

Der zweite Teil von dem Wort ist: Preis.
So viel kostet eine Sache.

Der dritte Teil von dem Wort ist: Spirale.
Das ist eine Form wie eine Schnecke.

Was ist die Lohn-Preis-Spirale?
Da steigen die Löhne und Preise immer weiter.
Und das geht so:
Die Firma bezahlt den Leuten ihren Lohn.
Davon kaufen die Leute Sachen ein.
Irgendwann werden die Sachen immer teurer.
Dann können die Leute weniger einkaufen.

Weil ihr Geld nicht mehr reicht.
Also sagen sie zur Firma: Wir brauchen mehr Geld!
Dann bezahlt die Firma den Leuten mehr Lohn.
Jetzt haben sie wieder Geld und kaufen mehr ein.
Aber jetzt verdient die Firma weniger Geld.
Weil sie mehr Lohn bezahlen muss.
Deswegen macht sie ihre Produkte teurer.
Aber dann kriegen die Leute wieder Probleme.
Weil ihr Geld wieder nicht reicht.
Dann sagen sie wieder zur Firma: Gib uns mehr Geld!
Dann steigen die Löhne wieder.
Und dann steigen die Preise wieder.
Und dann steigen die Löhne wieder.
So geht das immer weiter.

Die Lohn-Preis-Spirale ist wie ein Tanz.
Der Tanz wird immer schneller.
Irgendwann muss einer aufhören und stehen bleiben.
Sonst fällt einer hin.

Kann das für immer so weitergehen?

Sach·wert·preis·blase

Das hat damit zu tun:
– Kapital·flucht
– Markt·eintritts·barriere
– Too big to fail

Das Wort hat zwei Teile.

Das erste Teil von dem Wort ist Sach·wert.
Es heißt: So viel ist eine Sache eigentlich wert.

Das zweite Teil von dem Wort ist: Preis·blase.
Das heißt: Die Preise werden immer teurer.
Dabei ist die Sache viel weniger wert.
Was ist eine Sach·wert·preis·blase?
Zum Beispiel: Jemand verkauft Eimer voll mit Sand.
Eigentlich kostet der Eimer voll mit Sand nur 1 Euro.
Aber auf einmal wollen viele so einen Eimer haben.
Aber es gibt nicht genug Eimer voll mit Sand.
Dann steigt der Preis vom Eimer vielleicht auf 5 Euro.
Aber eigentlich ist er nur 1 Euro wert.

Dann denken die Leute:
– Eigentlich ist der Eimer nur 1 Euro wert.
– Aber jetzt kostet der Eimer mehr.
– Vielleicht kostet der Eimer morgen noch mehr.

– Dann kaufe ich den Eimer lieber heute für 5 Euro.
– Und morgen kostet er hoffentlich 10 Euro.
– Dann habe ich einen Gewinn gemacht.
So kaufen noch mehr Leute den Eimer voll mit Sand.
Dadurch steigt der Preis noch weiter.
Vielleicht kostet der Eimer morgen wirklich 10 Euro.
Vielleicht kostet er sogar irgendwann 100 Euro.

Kann das für immer so weitergehen?
Nein.
Denn irgendwann merken die Leute:
– Eigentlich ist das nur ein Eimer voll mit Sand.
Und dann will keiner den Eimer mehr kaufen.
Dann ist der Preis wieder 1 Euro.
Denn so viel ist der Eimer voll mit Sand wert.
Manche Leute haben den Eimer sehr teuer gekauft.
Die haben dann Pech gehabt.

Gefangenen·dilemma

Das hat damit zu tun:
– Externalitäten
– Informations·asymmetrie
– Rent-seeking

Das Wort hat zwei Teile.

Der erste Teil von dem Wort ist: Gefangene.
Das sind eingesperrte Leute.
Sie können nicht raus.

Der zweite Teil von dem Wort ist: Dilemma.
Das ist eine Art von Problem.
Das Problem hat zwei Möglichkeiten.
Keine von den Möglichkeiten ist richtig gut.
Aber du musst dich für eine entscheiden.

Was ist das Gefangenen-Dilemma?
Das ist ein Problem mit zwei Möglichkeiten.
Es zeigt: Können die Leute gut zusammenarbeiten?
Zum Beispiel: Firma A und Firma B machen Löffel.
Beide Löffel kosten gleich viel Geld.
Dann kaufen die Leute bei beiden Firmen ein.
Aber Firma A will alle Kunden für sich haben.

Dann kann sie den Preis für die Löffel billiger machen.
Aber was macht die Firma B?
Das weiß die Firma A nicht.
Sie muss sich entscheiden: Preise ändern oder lassen?

Was passiert dann?
Vielleicht macht nur die Firma A die Löffel billiger.
Dann kaufen mehr Leute bei der Firma A ein.
Also gewinnt die Firma A.
Und die Firma B verliert.

Oder beide Firmen machen die Löffel billiger.
Dann kaufen die Leute bei beiden ein.
Aber beide Firmen kriegen weniger Geld.
Also verlieren beide Firmen.

Oder keine Firma macht die Löffel billiger.
Dann ist alles wie vorher.
Also gewinnt keine Firma.
Und es verliert auch keine.
Das ist für beide Firmen das Beste.
Aber dafür muss jede Firma der anderen vertrauen.
Und das ist selten.

War das Brot letztes Jahr billiger oder teurer?

Verbraucher·preis·index

Das hat damit zu tun:
– Inflations·rate
– Preis·elastizität
– Lohn·stagnation

Das Wort hat drei Teile.

Der erste Teil von dem Wort ist: Verbraucher.
Das sind wir alle.
Wenn wir Sachen kaufen und benutzen.
Zum Beispiel: Essen oder Kleidung.

Der zweite Teil von dem Wort ist: Preis.
Das heißt: So viel kostet eine Sache.

Der dritte Teil von dem Wort ist: Index.
Das ist eine Liste oder eine Zahl.
Hier ist es eine Zahl.

Was ist der Verbraucher·preis·index?
Er zeigt: Werden die Preise billiger oder teurer?
Und zwar die Preise von den normalen Sachen.
Diese Sachen brauchen wir zum Leben.
Zum Beispiel: ein Brot oder eine Hose.
Alle Leute kaufen und benutzen diese Sachen.

Wie entsteht der Verbraucher·preis·index?
Man vergleicht die Preise von früher und heute.
– War das Brot letztes Jahr billiger oder teurer?
– War die Hose letztes Jahr billiger oder teurer?
Das macht man mit den wichtigsten Sachen zum Leben.
Am Ende kommt eine Zahl heraus.
Das ist der Verbraucher·preis·index.

Was bringt das?
Manchmal ist die Zahl sehr groß.
Dann sind die Preise sehr schnell teuer geworden.
Das ist ein Problem für die Leute.
Denn sie müssen dann viel mehr Geld bezahlen.
Manche Leute haben dann zu wenig Geld zum Leben.
Dann müssen die Politiker was dagegen machen.

Rent-seeking

Das hat damit zu tun:
– Externalitäten
– Wirtschafts·lobby·ismus
– Kapital·flucht

Der Begriff kommt aus der Sprache Englisch.
Diese Sprache sprechen sehr viele Leute auf der Welt.
Der Begriff hat zwei Teile.

Der erste Teil von dem Wort ist: Rent.
Das heißt auf Deutsch: Miete.
Miete kann man für verschiedene Sachen zahlen.
Zum Beispiel: für eine Wohnung oder für ein Auto.

Der zweite Teil von dem Wort ist: Seeking.
Das heißt auf Deutsch: Ich will etwas haben.

Was ist Rent-Seeking?
Das heißt: Ich will mehr Geld haben.
Aber ich will dafür nicht mehr arbeiten.

Wie geht das?
Zum Beispiel: Firma A und Firma B bauen Schiffe.
Die Firma A kommt aus Deutschland.
Die Schiffe von der Firma A sind teuer.

Die Firma B kommt aus dem Land China.
Die Schiffe von der Firma B sind billig.
Dann kaufen viele Leute bei der Firma B aus China.
Auch die Leute in Deutschland kaufen da.
Dann sagt die Firma A aus Deutschland:
– Das finden wir blöd.
– Die Leute in Deutschland sollen bei uns kaufen.
Dann kann die Firma A mit den Politikern reden.
Vielleicht machen die Politiker extra eine Regel.
Zum Beispiel: Die Schiffe aus China kosten jetzt mehr.
Oder: Man darf nur noch deutsche Schiffe kaufen.
Dann kaufen mehr Leute bei der Firma A.
Die Firma A aus Deutschland kriegt dann mehr Geld.
Aber sie macht nichts anders als vorher.
Die Schiffe sind nicht besser oder billiger geworden.
Das ist Rent-Seeking.

Was ist das Problem?
Die Firma B aus China kriegt jetzt weniger Geld.
Dabei sind ihre Schiffe vielleicht genauso gut.

Kapital·flucht

Das hat damit zu tun:
– Kapital·verkehrs·kontrollen
– Steuer·vermeidung
– Schatten·banken

Das Wort hat zwei Teile.

Der erste Teil von dem Wort ist: Kapital.
Das ist das Geld von einer Firma.

Der zweite Teil von dem Wort ist: Flucht.
Das heißt: weg·rennen oder schnell verschwinden.
Zum Beispiel:
Ein Hase hat Angst vor dem Fuchs.
Der Hase rennt weg.
Dann ist der Hase auf der Flucht.

Was ist Kapital·flucht?
Jede Firma muss Steuern bezahlen.
Die Steuern sind in jedem Land anders.
In manchen Ländern ist die Steuer besonders teuer.
Oder es gibt andere Probleme wie: Diebe oder Krieg.
Dann sagen viele Firmen:
– Wir gehen lieber in ein anderes Land.
– Da gibt es diese Probleme nicht.

Also rennen die Firmen weg.
Wie die Hasen.
Aber die Firmen haben keine Angst vor dem Fuchs.
Sie haben Angst um ihr Geld.

Wie geht Kapital·flucht?
Die Firmen sagen: Hier ist mein Geld nicht sicher.
Also schicken sie ihr Geld an eine andere Bank.
Die andere Bank ist in einem anderen Land.
Da ist das Geld sicher.
Vor der Steuer oder vor Dieben oder vor Krieg.
Dann ist das Geld nicht mehr im Land von der Firma.
Es ist geflüchtet in das andere Land.

Das ist gut für die Firma.
Denn das Geld ist jetzt sicher.
Aber es ist schlecht für das Land von der Firma.
Denn das Land kriegt jetzt weniger Steuern.
Also hat das Land weniger Geld.
Damit kann es seine Probleme schlechter lösen.
Und die anderen Leute müssen mehr bezahlen.

Jahres·haupt·versammlung

Das hat damit zu tun:
– Shareholder-Value
– Kapital·ertrag·steuer
– Wirtschafts·lobby·ismus

Das Wort hat drei Teile.

Der erste Teil von dem Wort ist: Jahr.
Ein Jahr hat 12 Monate.

Der zweite Teil von dem Wort ist: haupt.
Das heißt: Etwas ist wichtig.

Der dritte Teil von dem Wort ist: Versammlung.
Das ist ein Treffen.

Was ist eine Jahres·haupt·versammlung?
Eine große Firma ist wie ein Verein.
Jedem Mitglied gehört ein kleiner Teil von der Firma.
Für die Mitglieder gibt es jedes Jahr ein großes Treffen.
Auf diesem Treffen wird sehr viel geredet.
Erst reden die Leute von der Firma.
Zum Beispiel: So viel Geld haben wir verdient!
Dann stellen die anderen Leute ihre Fragen.
Zum Beispiel: Warum habt ihr nicht mehr verdient?

Die Leute von der Firma müssen dann alles erklären.
Manchmal sagen sie die Wahrheit.
Und manchmal reden sie Quatsch.
Am Ende gibt es die Entscheidungen fürs nächste Jahr.
Und meistens gibt es auch was zu essen.

Es ist wie ein großes Treffen von einer Familie.
Aber es geht nicht um Oma und Opa.
Sondern es geht ums Geld und um die Firma.
Manchmal ist die Stimmung gut.
Dann klatschen am Ende alle und gehen heim.
Aber manchmal gibt es auch Streit.
Doch eigentlich wollen fast alle das Gleiche:
Die Firma soll viel Geld verdienen.

De·regulierung

Das hat damit zu tun:
– Neo·liberal·ismus
– Markt·wirtschaft
– Frei·handels·abkommen

Das Wort hat zwei Teile.

Der erste Teil von dem Wort ist: De.
Man kann es vorne vor ein Wort schreiben.
Es macht das Wort danach zum Gegenteil.

Der zweite Teil von dem Wort ist: Regulierung.
Das bedeutet: Regeln machen und kontrollieren.
Oft macht die Regierung Regeln für die Firmen.
Zum Beispiel: für die Umwelt oder für die Sicherheit.
Damit will die Regierung die Leute beschützen.

Was ist De·regulierung?
Das heißt: Es gibt weniger Regeln für die Firmen.

Warum gibt es De·regulierung?
Zum Beispiel: Eine Firma baut ein Flug·zeug.
Die Regierung sagt: Da musst du sehr gut aufpassen.
Denn ein Flug·zeug kann abstürzen.
Also macht die Regierung viele Regeln für die Firma.

Für die Firma ist das teuer.
Also sagt sie den Politikern: Die Regeln sind nervig!
Manchmal nehmen die Politiker dann die Regeln weg.
Vielleicht passiert nichts, und die Firma ist froh.
Oder es passiert ein Unfall, und viele Leute sterben.

Die Wirtschaft ist wie ein Spiel·platz für die Firmen.
Die Regierung ist wie eine strenge Lehrerin.
Sie passt auf und macht die Regeln.
Damit nichts passiert.
Ohne Regeln macht das Spielen mehr Spaß.
Aber vielleicht passiert dann etwas Schlimmes.
Und dann gibt es Ärger.
Auch für die Lehrerin.

Regulierungs·arbitrage

Das hat damit zu tun:
– De·regulierung
– Wirtschafts·lobby·ismus
– Markt·eintritts·barriere

Das Wort hat zwei Teile.

Der erste Teil von dem Wort ist: Regulierung.
Das bedeutet: Regeln machen und kontrollieren.
Oft macht die Regierung Regeln für die Firmen.
Damit will die Regierung die Leute beschützen.

Der zweite Teil von dem Wort ist: Arbitrage.
Das Wort kommt aus der Sprache Französisch.
So sprichst du es aus: Ar-bi-tra-sche.
Das ist ein Trick zum Geldverdienen.
Der Trick geht so:
– Du kaufst eine Uhr für 10 Euro.
– Dann verkaufst du die Uhr gleich für 15 Euro weiter.
– So hast du auf einmal 5 Euro Gewinn gemacht.
– Die Uhr wolltest du eigentlich nie haben.

Was ist Regulierungs·arbitrage?
Das ist der gleiche Trick.
Nur mit Regeln statt mit Geld.

Wie geht das?
Zum Beispiel so:
Eine Firma verkauft Autos in Deutschland.
Die Regierung von Deutschland mag Autos.
Aber sie mag auch die Umwelt.
Also macht die Regierung Regeln für die Autos.
Damit beschützt die Regierung die Umwelt.
Vielleicht sagt die Firma dann: Die Regeln sind nervig.
Dann schaut sich die Firma die Regeln ganz genau an.
Und auch die Regeln in den anderen Ländern.
Vielleicht gelten die Regeln nur für den Motor.
Dann macht die Firma einfach eine neue Firma auf.
Die neue Firma baut dann nur Motoren.
Und die neue Firma ist in einem anderen Land.
In dem anderen Land gibt es weniger Regeln.
Die alte Firma baut den Motor dann ins Auto ein.
So muss sich die Firma nicht an die Regeln halten.
Aber sie verkauft die Autos trotzdem in Deutschland.
Damit hat die Firma die Regierung ausgetrickst.

Too big to fail

Das hat damit zu tun:
– Markt·eintritts·barriere
– Staats·verschuldung
– Schatten·banken

Das ist ein Satz in der Sprache Englisch.
Diese Sprache sprechen viele Menschen auf der Welt.
Er heißt auf Deutsch: «Zu groß zum Scheitern».
Scheitern bedeutet: Etwas nicht schaffen.

Was ist «Too big to fail»?
Das hat mit Firmen und mit Geld zu tun.
Jede Firma auf der Welt kann pleite sein.
Dann hat sie kein Geld mehr und muss schließen.
Das ist traurig für die Leute von der Firma.
Denn sie verlieren ihre Arbeit.
Das passiert immer wieder.

Auch eine sehr große Firma kann pleite sein.
Dann sind nicht nur die Leute von der Firma traurig.
Sondern auch viele andere kriegen Probleme.
Vielleicht kriegt der Staat Probleme.
Denn sehr große Firmen zahlen oft sehr viele Steuern.
Vielleicht ist der Staat ohne die Steuern pleite.
Oder andere Firmen kriegen Probleme.

Sehr große Firmen arbeiten oft mit anderen Firmen.
Die anderen Firmen brauchen die sehr großen Firmen.
Vielleicht sind sie ohne die sehr großen Firmen pleite.

Vielleicht ist eine sehr große Bank pleite.
Dann ist das Geld von vielen Leuten und Firmen weg.
Dann hat nicht nur die Bank ein Problem.
Deswegen sagt die Regierung:
– Die sehr großen Firmen dürfen nicht pleite sein.
– Sonst haben wir alle Probleme.
– Deswegen helfen wir den sehr großen Firmen.
– Auch wenn die Hilfe sehr viel Geld kostet.
– Die Firmen sind zu groß zum Scheitern.
– Denn sie scheitern nicht alleine.
– Sondern wir scheitern alle mit.
– Diese Firmen nennen wir: «Too big to fail».
Damit helfen wir den Leuten und den anderen Firmen.

Aber diese Hilfe ist auch gefährlich.
Denn die sehr großen Firmen denken vielleicht:
– Jetzt können wir uns alles erlauben.
– Zur Not hilft uns ja die Regierung.

Ressourcen·allokation

Das hat damit zu tun:
– *Opportunitäts·kosten*
– *Angebot und Nachfrage*
– *Wirtschafts·lobby·ismus*

Das Wort hat zwei Teile.

Der erste Teil von dem Wort ist: Ressourcen.
Das braucht man zum Bauen von Sachen.
Zum Beispiel: Holz oder Stein.
Aber auch: Geld oder Zeit.
Das braucht man auch zum Bauen von Sachen.
Es gibt sehr viele Ressourcen auf der Welt.
Aber irgendwann sind sie leer.

Der zweite Teil von dem Wort ist: Allokation.
Das bedeutet: Wie verteile ich eine Sache?

Was ist Ressourcen·allokation?
Das bedeutet: So verteile ich meine Ressourcen.
Zum Beispiel: Eine Firma pflegt einen Garten.
Der Garten hat sehr viele Pflanzen.
Die Pflanzen brauchen Wasser und Dünger.
Dann schaut die Firma:
– Wie viel Wasser und Dünger habe ich?

Das sind die Ressourcen von der Firma.
Diese Ressourcen muss die Firma gut verteilen.
Damit sie sich um alle Pflanzen kümmern kann.
Vielleicht hat die Firma zu wenig Dünger.
Dann sagt sie: Diese Pflanze düngen wir erst morgen.
Oder vielleicht hat die Firma zu wenig Wasser.
Dann sagt sie: Wir gießen heute alle etwas weniger.

Warum ist das wichtig?
Sonst fängt der Gärtner vielleicht morgens an.
Dann ist das Wasser schon am Mittag leer.
Aber der Gärtner hat noch nicht alles gegossen.
Vielleicht sterben dann die anderen Pflanzen.

Ressourcen·allokation ist wie ein großes Puzzle-Spiel.
Es gibt viele Ressourcen.
Aber es gibt nicht genug Ressourcen für alles.
Also muss ich mir überlegen: Was ist mir wichtig?
Dafür benutze ich dann die Ressourcen zuerst.

Opportunitäts·kosten

Das hat damit zu tun:
– Grenz·nutzen
– Kapital·rendite
– Ressourcen·allokation

Das Wort hat zwei Teile.

Der erste Teil von dem Wort ist: Opportunität.
Das heißt: Es ist eine gute Gelegenheit.
Vielleicht will ich heute einen Drachen steigen lassen.
Und draußen ist es windig.
Dann ist das eine gute Gelegenheit für mich.

Der zweite Teil von dem Wort ist: Kosten.
Das ist der Preis von einer Sache.

Was sind Opportunitäts·kosten?
So viel kostet das Verzichten auf die gute Gelegenheit.
Diese Kosten kannst du nicht sehen.
Und du musst sie auch nicht bezahlen.
Aber trotzdem sind sie wichtig.
Sie sagen: Auf so viel Geld hast du verzichtet.

Wie geht das?
Zum Beispiel: Eine Firma hat Holz.

Dann muss sich die Firma entscheiden:
- Entweder ich baue mit dem Holz ein Haus.
- Oder ich baue mit dem Holz ein Schiff.
Vielleicht entscheidet sich die Firma für das Haus.
Dann benutzt die Firma das ganze Holz für das Haus.
Sie kann dann kein Schiff mehr bauen.
Also kann sie auch kein Schiff verkaufen.
Das sind die Opportunitäts·kosten von der Firma.

Warum ist das wichtig?
Vielleicht war das Haus eine schlechte Entscheidung.
Vielleicht kriegt die Firma für ein Schiff mehr Geld.
Die Firma hat mit dem Haus kein Geld verloren.
Aber sie hätte mit dem Schiff mehr Geld gekriegt.
Deswegen rechnet die Firma das vorher aus.
Damit sie nicht auf Geld verzichten muss.
Deswegen schaut sie auf die Opportunitäts·kosten.

Liquiditäts·präferenz

Das hat damit zu tun:
– Kapital·flucht
– Kredit·klemme
– Schatten·banken

Das Wort hat zwei Teile.

Der erste Teil von dem Wort ist: Liquidität.
Das heißt: So einfach kann ich etwas zu Geld machen.
Zum Beispiel: Ein Haus ist nicht sehr liquide.
Denn der Verkauf von einem Haus dauert lange.
Der Verkäufer muss lange auf sein Geld warten.
Aber: Eine Pfand·flasche ist sehr liquide.
Denn dafür gibt es im Laden sofort Geld.

Der zweite Teil von dem Wort ist: Präferenz.
Das heißt: Was mag ich lieber?

Was ist die Liquiditäts·präferenz?
Das heißt: So schnell will ich an mein Geld kommen.
Manchmal hat eine Firma viel Geld.
Dann muss sie sich entscheiden:
Sie kann das Geld auf ein Konto bei der Bank legen.
Da kann die Firma das Geld jeden Tag holen.
Sie kommt also schnell an ihr Geld ran.

Aber das Geld wird nicht mehr.
Oder die Firma kann mit dem Geld Aktien kaufen.
Dann kommt die Firma nicht schnell an ihr Geld ran.
Denn die Aktien kann man nicht immer verkaufen.
Sonst verliert man Geld.
Manchmal muss man lange warten mit dem Verkaufen.
Mit Aktien kann die Firma viel Geld verdienen.
Aber sie darf es nicht eilig haben.

Deswegen muss sich die Firma vorher überlegen:
– Will ich immer schnell an mein Geld kommen?
– Oder kann ich länger warten?
Das ist die Liquiditäts·präferenz.

Vielleicht hat eine Firma Angst.
Sie sagt: Vielleicht ist morgen alles teurer.
Dann hat die Firma eine hohe Liquiditäts·präferenz.
Denn sie will vorbereitet sein.
Und immer an ihr Geld kommen.

Informations·asymmetrie

Das hat damit zu tun:
– Externalitäten
– Markt·eintritts·barriere
– Wettbewerbs·verzerrung

Das Wort hat zwei Teile.

Der erste Teil von dem Wort ist: Information.
Das heißt: Das kann man alles über eine Sache wissen.
Zum Beispiel Esel:
– Wo leben sie?
– Wie viele gibt es?
Aber man kann noch viel mehr über Esel wissen.
Alles zusammen sind die Informationen über Esel.

Der zweite Teil von dem Wort ist: Asymmetrie.
Das heißt: Zwei Teile sind nicht gleich.
Zum Beispiel: vorne und hinten bei einem Esel.
Vorne ist der Kopf.
Hinten ist der Schwanz.
Die beiden Teile sind nicht gleich.
Also sind sie asymmetrisch.

Was ist Informations·asymmetrie?
Das heißt: Zwei Leute wissen nicht das Gleiche.

Im normalen Leben ist das nicht so wichtig.
Denn alle Leute wissen etwas anderes.
Aber in der Wirtschaft ist es wichtig.
Denn da geht es ums Geld.

Wie geht das?
Zum Beispiel im Buch·laden.
Da gibt es einen Verkäufer und einen Käufer.
Der Verkäufer hat das Buch schon gelesen.
Der Käufer hat das Buch noch nicht gelesen.
So hat der Verkäufer mehr Informationen übers Buch.
Es gibt also eine Informations·asymmetrie.

Warum ist das wichtig?
Vielleicht weiß der Verkäufer: Das Buch ist schlecht.
Aber er will es trotzdem verkaufen.
Dann nutzt er die Informations·asymmetrie aus.
Er sagt dem Käufer: Das Buch ist super!
Dann kauft der Käufer das Buch.
Weil er dem Verkäufer glaubt.
Zu Hause liest der Käufer das Buch und ist traurig.
Aber dann hat er das Buch schon gekauft.
Der Verkäufer hat gewonnen.
Der Käufer hat verloren.

Die Informations·asymmetrie hilft immer nur einem.
Mehr Information ist besser.

Struktur·wandel

Das hat damit zu tun:
– Globalisierung
– Arbeits·teilung
– Neo·liberal·ismus

Das Wort hat zwei Teile.

Der erste Teil von dem Wort ist: Struktur.
Das heißt: So ist eine Sache aufgebaut.

Der zweite Teil von dem Wort ist: Wandel.
Das heißt: Veränderung.

Was ist Struktur·wandel?
Zum Beispiel: Eine Firma fährt Leute zur Arbeit.
Früher hat die Firma Kutschen gehabt.
Da haben die Pferde den Wagen gezogen.
Am Anfang waren die Leute glücklich.
Denn sie mussten nicht mehr zur Arbeit laufen.
Aber dann ist das Auto erfunden worden.
Und die Leute haben gesagt:
– Die Pferde stinken und sind langsam.
– Wir wollen jetzt mit dem Auto fahren.
Das ist ein Struktur·wandel.
Die Firma mit den Kutschen muss sich anpassen.

Sie muss die Kutschen verkaufen und Autos kaufen.
Sonst ist sie bald pleite.

Woher kommt der Struktur·wandel?
Das hat viele Gründe.
Im Kapitalismus verändert sich immer irgendetwas.
Es gibt immer neue Erfindungen.
Auch lernen die Leute immer was dazu.
Zum Beispiel: Früher haben alle Kohle verbrannt.
Damit haben viele Firmen Geld verdient.
Aber Kohle zu verbrennen ist schlecht für die Umwelt.
Früher wussten die Leute das nicht.
Aber heute wissen sie es.
Also verbrennen sie heute weniger Kohle.
Das ist gut für die Natur und gut für die Leute.
Aber es ist ein Problem für die alten Firmen.
Denn die müssen sich jetzt umstellen.
Sie müssen sich überlegen: Was machen wir jetzt?
Und das ist schwer.

Den Struktur·wandel kann man nicht aufhalten.

Protektion·ismus

Das hat damit zu tun:
– Frei·handels·abkommen
– Markt·eintritts·barriere
– Wettbewerbs·verzerrung

Das Wort hat zwei Teile.

Der erste Teil von dem Wort ist: Protektion.
Das heißt: jemanden beschützen.

Der zweite Teil von dem Wort ist: ismus.
Diesen Teil kann man hinten an andere Worte hängen.
Es heißt: Das ist eine Idee oder eine Meinung.
Also ist Protektion·ismus: die Idee vom Beschützen.

Was ist Protektion·ismus?
Das heißt: Ein Land beschützt seine Firmen.
Vor den Firmen aus den anderen Ländern.

Warum macht man das?
In jedem Land gibt es Firmen.
Sie bauen und verkaufen ihre Sachen in dem Land.
Aber jedes Land ist anders.
– Vielleicht sind die Leute in einem Land reich.
Dann müssen die Firmen viel Lohn bezahlen.

Aber sie können die Sachen auch teuer verkaufen.
- Vielleicht sind die Leute in einem Land arm.
Dann müssen die Firmen nur wenig Lohn bezahlen.
Aber sie können die Sachen auch nur billig verkaufen.

Wo ist das Problem?
Die Firmen müssen nicht in ihrem Land bleiben.
Sie können auch in einem anderen Land verkaufen.
Zum Beispiel: Firma A und Firma B bauen Lampen.
Die Firma A baut die Lampen in Deutschland.
Hier sind die Leute eher reich.
Also muss die Firma A hier viel Lohn bezahlen.
Die Firma B baut die Lampen in dem Land China.
Da sind die Leute eher arm.
Also muss die Firma B da wenig Lohn bezahlen.
Sie kann die gleichen Lampen billiger bauen.
Aber sie kann die Lampen in Deutschland verkaufen.
Das ist schlecht für die Firma A in Deutschland.
Denn dann kauft keiner die teuren Lampen von ihr.
Deswegen sagt das Land Deutschland:
- Wir beschützen die Firma A in Deutschland.
- Zum Beispiel: Wir geben der Firma A Geld.
- Oder: Wir machen die Lampen von der Firma B teurer.

Zombie·firmen

Das hat damit zu tun:
– Schatten·banken
– Too big to fail
– Markt·eintritts·barriere

Das Wort hat zwei Teile.

Der erste Teil von dem Wort ist: Zombie.
Zombies gibt es nicht im echten Leben.
Die gibt es nur in gruseligen Filmen und Büchern.
Zombies sind schon tot.
Aber sie laufen trotzdem rum.
Sie wollen die Gehirne von Menschen essen.

Der zweite Teil von dem Wort ist: Firmen.
Da gehen Menschen arbeiten.
Da verdienen die Menschen ihr Geld.

Was sind Zombie·firmen?
Firmen müssen ihre Rechnungen bezahlen.
Zum Beispiel: für Mitarbeiter oder für Maschinen.
Normalerweise geht das so:
– Die Firma stellt Sachen her und verkauft sie.
– Dafür kriegt die Firma Geld.
– Von dem Geld bezahlt die Firma ihre Rechnungen.

Aber es kann auch anders laufen:
- Die Firma stellt Sachen her und verkauft sie.
- Dafür kriegt die Firma Geld.
- Aber das Geld reicht nicht für die Rechnungen.
Aber die Firma muss sie trotzdem bezahlen.
Sonst ist sie pleite.
Also leiht sich die Firma Geld von der Bank.
Damit bezahlt die Firma ihre Rechnungen.
Aber sie verdient immer noch zu wenig Geld.
Also muss sie bald wieder Geld von der Bank leihen.
Die Schulden von der Firma werden immer größer.
Eigentlich ist die Firma schon tot.
Aber die Bank gibt ihr immer neues Geld.
Deswegen läuft die Firma noch rum wie ein Zombie.
Die Firma lebt nur noch wegen der Bank.

Wie kann man Zombie-firmen aufhalten?
Im Film muss man Zombies in den Kopf schießen.
Bei Firmen ist das anders.
Da muss die Firma sagen: Ich bin pleite!
Oder die Bank sagt: Jetzt gibt es kein Geld mehr!

Zahlungs·bilanz

Das hat damit zu tun:
– Kapital·verkehrs·kontrollen
– Lohn·stagnation
– Staats·verschuldung

Das Wort hat zwei Teile.

Der erste Teil von dem Wort ist: Zahlung.
Das heißt: Jemand bezahlt Geld für eine Sache.

Der zweite Teil von dem Wort ist: Bilanz.
Das ist eine Liste.
Sie zeigt:
– Das geht rein.
– Das geht raus.
Zum Beispiel: ein Konto bei der Bank.
In der Bilanz vom Konto steht:
– So viel Geld hast du zur Bank gebracht.
– Und so viel Geld hast du von der Bank geholt.

Was ist eine Zahlungs·bilanz?
Das ist eine Liste für ein ganzes Land.
Die Zahlungs·bilanz von einem Land zeigt:
– So viel gehört uns.
– So viel haben wir von anderen Ländern gekriegt.

– Und so viel haben wir den anderen Ländern gegeben.
Es ist wie ein Konto für ein Land.
Manchmal bleibt Geld übrig.
Dieses Geld heißt: Überschuss.

Zum Beispiel:
In der Bilanz von Deutschland steht vielleicht:
– Wir haben Autos an Frankreich verkauft.
– Dafür haben wir 10 Millionen Euro gekriegt.
– Und wir haben Wein von Frankreich gekauft.
– Dafür haben wir 1 Million Euro ausgegeben.
– Also haben wir 9 Millionen Euro Überschuss.
Das nennt man: positive Zahlungs·bilanz.

Warum ist das wichtig?
Die Zahlungs·bilanz zeigt: Wie geht es dem Land?
Ist die Wirtschaft gesund oder krank?
Vielleicht gibt ein Land zu viel Geld aus.
Das ist nicht gut.
Aber es geht nicht anders.
Denn die Zahlungs·bilanz ist wie eine Wippe.
Manche Länder haben Geld übrig.
Aber dafür haben andere Länder zu wenig Geld.
Es können nicht alle gleichzeitig mehr haben.

Kapital·verkehrs·kontrollen

Das hat damit zu tun:
– Kapital·flucht
– De·regulierung
– Markt·eintritts·barriere

Das Wort hat drei Teile.

Der erste Teil von dem Wort ist: Kapital.
Hier heißt es: das Geld von einem Staat.

Der zweite Teil von dem Wort ist: Verkehr.
Hier heißt es: Geld woandershin schicken.

Der dritte Teil von dem Wort ist: Kontrollen.
Das heißt: Regeln machen und überwachen.

Was sind Kapital·verkehrs·kontrollen?
Das sind Regeln von einem Land.
Die Regeln sagen:
– So viel Geld darf in das Land reinkommen.
– Und so viel Geld darf aus dem Land rausgehen.

Zum Beispiel: Eine Firma in Deutschland hat Geld.
Dann darf sie das Geld in Deutschland verschicken.
So viel die Firma will.

Aber vielleicht will sie Geld woandershin schicken.
In ein anderes Land.
Dann muss die Firma auf die Regeln achten.
Vielleicht sagen die Kapital·verkehrs·kontrollen:
– In dieses Land darfst du nur 1 Million Euro schicken.
Daran muss sich die Firma halten.

Warum gibt es Kapital·verkehrs·kontrollen?
Manchmal will ein Land sein Geld schützen.
Zum Beispiel: Zu viele Leute schicken ihr Geld weg.
Oder: Zu viele Leute bringen ihr Geld rein.

Sind Kapital·verkehrs·kontrollen gut oder schlecht?
Manchmal sind Kapital·verkehrs·kontrollen nötig.
Wenn ein Land große Probleme mit dem Geld hat.
Aber man muss aufpassen.
Das ist wie bei einer Diät.
Da kontrollierst du: So viel Essen geht rein und raus.
Damit kannst du abnehmen.
Aber du kannst auch verhungern.

Kredit·klemme

Das hat damit zu tun:
– Schatten·banken
– Kapital·verkehrs·kontrollen
– Staats·verschuldung

Das Wort hat zwei Teile.

Der erste Teil von dem Wort ist: Kredit.
Das heißt: Eine Bank gibt mir Geld.
Aber ich muss das Geld später zurückgeben.
Die Bank leiht mir nur das Geld.

Der zweite Teil von dem Wort ist: Klemme.
Das heißt: Eine Sache ist irgendwo eingequetscht.
Zum Beispiel: Ein Finger ist in der Tür eingeklemmt.

Was ist eine Kredit·klemme?
Normalerweise geben Banken gerne Kredite.
Damit verdienen sie ihr Geld.
Denn sie kriegen nicht nur das Geld zurück.
Sondern sie kriegen auch noch extra Geld fürs Leihen.
Dieses extra Geld heißt: Zinsen.
Es ist der Gewinn für die Bank.

Bei einer Kredit·klemme ist das anders:
Da will die Bank keine Kredite mehr geben.
Oder nur noch sehr wenige.
Die Leute wollen dann Kredite haben.
Aber die Bank denkt:
Von denen kriege ich mein Geld nicht mehr zurück!
Die Bank hat Angst.

Warum ist das ein Problem?
Für den Kapitalismus sind Kredite wichtig.
Die Freunde vom Kapitalismus sagen:
– Die Leute sollen Kredite haben.
– Dann arbeiten sie mehr.
– Und dann haben alle mehr Geld.

Auch Firmen mögen Kredite.
Davon kaufen sie: Maschinen oder Material.
Dann können sie mehr Sachen herstellen.
Damit kriegen sie mehr Geld.
Und dann holen sie sich einen größeren Kredit.
Dann läuft der Kapitalismus wie ein Motor.
Die Kredit·klemme ist wie eine Bremse für den Motor.

Schatten·banken

Das hat damit zu tun:
– Kredit·klemme
– Kapital·verkehrs·kontrollen
– Staats·verschuldung

Das Wort hat zwei Teile.

Der erste Teil von dem Wort ist: Schatten.
Da kommt kein Licht hin.
Da ist es dunkel.

Der zweite Teil von dem Wort ist: Bank.
Das ist eine Firma.
Aber die Firma stellt keine Sache her.
Sie passt auf das Geld von den Leuten auf.
Dafür kriegen die Leute Geld.
Mit dem Geld macht die Bank verschiedene Sachen.
Zum Beispiel: Sie verleiht das Geld an andere Leute.
Dafür kriegt die Bank Geld.

Was sind Schatten·banken?
Die machen das Gleiche wie normale Banken.
Aber sie sind keine normalen Banken.
Denn normale Banken haben viele Regeln.
Die Regeln kommen von der Regierung.

Die Regierung sagt zu den Banken:
– Ihr passt auf das Geld von den Leuten auf.
– Ihr dürft das Geld von den Leuten nicht verlieren.
– Das ist eine große Verantwortung.
– Deswegen müsst ihr besonders gut aufpassen.
– Hier sind viele Regeln für euch.
Aber die Schatten·banken sagen: Wir sind keine Bank!
Deswegen gelten auch die Regeln nicht für sie.
Schatten·banken arbeiten im Dunkeln.
Da kann sie die Regierung nicht sehen.

Warum gibt es Schatten·banken?
Vielleicht braucht eine Firma dringend Geld.
Aber die normale Bank sagt: Wir geben dir nichts!
Dann kann die Firma zu einer Schatten·bank gehen.
Die sagt dann vielleicht: Wir geben dir das Geld.
Oder du willst dein Geld zur Bank bringen.
Und die Bank sagt: Dafür geben wir dir wenig Zinsen.
Dann kannst du zu einer Schatten·bank gehen.
Die sagt dann vielleicht: Wir geben dir viele Zinsen.
Doch die Schatten·banken haben weniger Regeln.
Also passen sie manchmal weniger auf.
Vielleicht ist dann dein ganzes Geld weg.

Staats·verschuldung

Das hat damit zu tun:
– Austeritäts·politik
– Bedingungs·loses Grund·einkommen
– Kapital·verkehrs·kontrollen

Das Wort hat zwei Teile.

Der erste Teil von dem Wort ist: Staat.
Das ist ein eigenes Land mit einer Regierung.
Das Land Deutschland ist ein Staat.

Der zweite Teil von dem Wort ist: Verschuldung.
Das heißt: Du musst jemandem Geld zurückgeben.
Manchmal hast du zu wenig Geld.
Dann kannst du dir Geld von jemand anderem leihen.
Dann hast du Schulden bei dem anderen.

Was ist Staats·verschuldung?
Das heißt: Ein Land hat Schulden.
Es hat sich irgendwo Geld geliehen.
Dieses Geld muss das Land irgendwann zurückgeben.
Vielleicht will das Land was Teures bauen.
Zum Beispiel: einen Hafen.
Aber das Land hat nicht genug Geld.
Trotzdem will das Land den Hafen bauen.

Dann fragt das Land: Kann mir jemand Geld leihen?
Von einem Land oder von einer Bank.
Oder von einer Firma oder von einzelnen Leuten.
Irgendwann muss das Land das Geld zurückzahlen.
Und dazu muss es noch extra Geld zahlen.
Das sind die Zinsen.
Sie sind die Belohnung fürs Leihen.

Ist das gut oder schlecht?
Im Kapitalismus ist Staats·verschuldung normal.
Die Freunde vom Kapitalismus sagen:
– Die Länder sollen viele teure Sachen bauen.
– Dafür sollen die Länder ruhig Schulden machen.
– Denn dann haben die Leute im Land mehr Arbeit.
– Und dann haben die Leute und das Land mehr Geld.
– Dann können sie noch mehr bauen und leihen.

Aber das klappt nicht immer.
Vielleicht gibt es nicht genug neue Arbeit.
Dann kann das Land die Schulden nicht bezahlen.
Dann hat es ein großes Problem.

Bedingungs·loses Grund·einkommen

Das hat damit zu tun:
– Mindest·lohn
– Sozial·abbau
– Wirtschafts·wachstums·zwang

Der Begriff hat drei Teile.

Der erste Teil von dem Begriff ist: Bedingungs·los.
Hier heißt es: Jeder kriegt eine Sache.
Man muss dafür nichts machen.

Der zweite Teil von dem Begriff ist: Grund.
Hier ist gemeint: Grund·lage.
Das heißt: Diese Sache braucht jeder zum Leben.
Ohne diese Sache geht es nicht.

Der dritte Teil von dem Begriff ist: Einkommen.
Dieses Geld kriegst du aus verschiedenen Gründen.
Zum Beispiel: Arbeit oder Zinsen oder Geschenke.

Was ist ein Bedingungs·loses Grund·einkommen?
Das ist ein Einkommen für alle Leute.
Die Leute müssen dafür nichts machen.

Nicht einmal arbeiten.
Sie können arm oder reich sein.
Sie können fleißig oder faul sein.
Sie können alt oder jung sein.
Alle kriegen gleich viel Geld vom Staat.
Es ist eine Hilfe fürs Leben.
Damit können die Leute wichtige Sachen bezahlen.
Zum Beispiel: Miete oder Essen oder Kleidung.

Warum soll das gut sein?
Die Idee ist: Alle Menschen sollen genug Geld haben.
Davon zahlen sie die wichtigsten Sachen im Leben.
Vielleicht wollen manche mehr Geld haben.
Die können dann arbeiten gehen.

Vielleicht kann der Staat damit sogar Geld sparen.
Denn an manche Leute gibt er heute schon Geld.
Zum Beispiel: Leute ohne Arbeit oder arme Leute.
Das ist sehr kompliziert.
Denn der Staat muss prüfen: Wer kriegt das Geld?
Und: Wie viel Geld braucht er?
Das Bedingungs·lose Grund·einkommen ist einfach.
Denn alle kriegen gleich viel Geld.

Wo gibt es das Bedingungs·lose Grund·einkommen?
In keinem Land auf der Welt.

Komparativer Kosten·vorteil

Das hat damit zu tun:
– Globalisierung
– Frei·handels·abkommen
– Protektion·ismus

Das Wort hat drei Teile.

Der erste Teil von dem Wort ist: Komparativ.
Das Wort kommt aus der Sprache Latein.
Diese Sprache spricht heute fast keiner mehr.
Es heißt: Vergleich.
Zum Beispiel:
– Was ist billiger?
– Und was ist teurer?

Der zweite Teil von dem Wort ist: Kosten.
Das ist der Preis von einer Sache.

Der dritte Teil von dem Wort ist: Vorteil.
Das heißt: Eine Sache ist besser als die andere.

Was ist ein komparativer Kosten·vorteil?
Das ist ein Vergleich: Wo ist eine Sache teurer?
Oft vergleicht man Länder.
Zum Beispiel die Länder Deutschland und Frankreich:

– Deutschland kann Zucker für 1 Euro herstellen.
– Deutschland kann Milch für 2 Euro herstellen.
– Frankreich kann Zucker für 8 Euro herstellen.
– Frankreich kann Milch für 4 Euro herstellen.
Also ist in Deutschland beides billiger als in Frankreich.
Dann denkt man vielleicht:
– Wir stellen beides in Deutschland her.
– Dann ist beides billiger.
– Und wir sparen Geld.
Aber der komparative Kosten·vorteil sagt was anderes:
– Jedes Land soll etwas herstellen.
– Und zwar: das Billigste in jedem Land.
In Deutschland ist Zucker billiger als Milch.
In Frankreich ist Milch billiger als Zucker.
Also soll Deutschland Zucker herstellen.
Und Frankreich soll Milch herstellen.
Dann haben beide Länder was zu tun.
Und beide Länder verdienen Geld.
Das ist gut für die Wirtschaft.
Denn dann können alle Leute mehr einkaufen.

Die Idee vom komparativen Kosten·vorteil ist schwer.
Da muss man länger drüber nachdenken.
Und man muss es genau ausrechnen.
Erst denkt man: Warum soll man das machen?
Aber dann merkt man: Die Idee ist gut.

Humankapital ist kein Geld.

Human·kapital

Das hat damit zu tun:
– Arbeits·teilung
– Komparativer Kosten·vorteil
– Wirtschafts·wachstums·zwang

Das Wort hat zwei Teile.

Der erste Teil von dem Wort ist: Human.
Das Wort kommt aus der Sprache Latein.
Diese Sprache spricht heute fast keiner mehr.
Es heißt: vom Mensch.

Der zweite Teil von dem Wort ist: Kapital.
Eigentlich ist Kapital ein anderes Wort für Geld.
Aber hier heißt es: So viel ist eine Sache wert.

Was ist Human·kapital?
Human·kapital ist kein Geld.
Aber es ist trotzdem wertvoll.
Dafür schaut man sich die Leute an und fragt:
– Wie gut kannst du deine Arbeit machen?
– Wie viel hast du dafür gelernt und geübt?
Das ist das Human·kapital.
Es ist der Wert vom Mensch für die Firma.

Die Leute können verschiedene Sachen gut.
Einer kann gut Autos bauen.
Ein anderer kann gut rechnen oder schwimmen.
Das ist alles egal fürs Human·kapital.
Wichtig ist nur: Wie gut kannst du es?
Jeder Mensch hat ein Human·kapital.
Vielleicht kannst du eine Sache besonders gut.
Dann ist das Human·kapital groß.

Zum Beispiel: Eine Ärztin muss lange lernen.
Erst danach darf sie als Ärztin arbeiten.
Das macht viel Arbeit.
Diese Arbeit ist ihr Human·kapital.
Das Kranken·haus denkt:
– Diese Ärztin hat sich viel Mühe gegeben.
– Der geben wir viel Geld.

Wie kriegt ein Land mehr Human·kapital?
Am besten mit richtig guten Schulen.
Dann können alle gut lernen.
Denn jeder Mensch kann irgendetwas gut.

Jeder soll gewinnen können. Auch wenn am Ende nur einer gewinnt.

Wettbewerbs·verzerrung

Das hat damit zu tun:
– Markt·eintritts·barriere
– Protektion·ismus
– Dumping

Das Wort hat zwei Teile.

Der erste Teil von dem Wort ist: Wettbewerb.
Das heißt: Die Firmen kämpfen gegen·einander.
Jede Firma sagt: Die Leute sollen bei mir kaufen!

Der zweite Teil von dem Wort ist: Verzerrung.
Das heißt: Etwas ist nicht mehr gerade.
Zum Beispiel ein Gesicht auf einem Luft·ballon.
Irgendwann geht die Luft aus dem Luft·ballon.
Dann sieht das Gesicht komisch aus: Es ist verzerrt.

Was ist eine Wettbewerbs·verzerrung?
Ein Wettbewerb soll für alle gleich schwer sein.
Jeder soll gewinnen können.
Auch wenn am Ende nur einer gewinnt.
Bei Firmen ist das genauso.
Jede Firma will mehr verkaufen als die andere.
Aber alle sollen die gleichen Möglichkeiten haben.
Dann ist der Wettbewerb für die Firmen gleich.

Aber manchmal ist der Wettbewerb verzerrt.
Da hat eine Firma einen Vorteil.
Zum Beispiel:
– Die Regierung macht weniger Regeln für diese Firma.
– Oder die Regierung gibt dieser Firma extra Geld.
Das ist gemein für die anderen Firmen.
Denn dann haben sie nicht die gleichen Möglichkeiten.
Vielleicht strengen sich die anderen Firmen mehr an.
Und sie machen bessere Produkte.
Aber trotzdem verlieren sie gegen diese Firma.
Weil diese Firma einen Vorteil hat.

Warum ist das ein Problem?
Weil es gemein ist für die anderen Firmen.
Die Freunde vom Kapitalismus sagen:
– Der Wettbewerb von den Firmen hilft den Leuten.
– Denn dann müssen sich die Firmen anstrengen.
– Und die Leute können bei der besten Firma kaufen.
– Ohne Wettbewerb werden die Firmen faul.
– Sie denken: Die Leute kaufen sowieso bei mir.
– Dann machen sie keine guten Produkte mehr.

Magisches Vier·eck

Das hat damit zu tun:
– Globalisierung
– Wettbewerbs·verzerrung
– Wirtschafts·wachstums·zwang

Das Wort hat zwei Teile.

Der erste Teil von dem Wort ist: Magisch.
Das heißt: Etwas ist Zauberei.

Der zweite Teil von dem Wort ist: Vier·eck.
Das ist eine Form mit 4 Ecken und 4 Seiten.

Was ist das Magische Vier·eck?
Das Magische Vier·eck kannst du nicht anfassen.
Es ist eine Idee für die Wirtschaft von einem Land.
Die Idee hat 4 Ziele für das Land:
1) Die Wirtschaft soll wachsen!
Dann haben alle mehr Geld und mehr Arbeit.
2) Die Preise sollen nicht teurer werden!
Dann haben die Leute genug Geld zum Einkaufen.
3) Viele Leute sollen eine Arbeit haben!
Dann haben die Leute was zu tun und genug Geld.
4) Mach viele Geschäfte mit anderen Ländern!
Dann verdienen alle Länder mehr Geld.

Warum ist das Magische Vier·eck wichtig?
Die Idee vom Magischen Vier·eck klingt leicht.
Aber sie ist im echten Leben sehr schwer.
Denn die Ziele passen nicht immer zusammen.
Manchmal ist ein Land in einem Ziel gut.
Aber dann wird es in einem anderen Ziel schlecht.
Zum Beispiel: Die Wirtschaft im Land wächst.
Dann haben die Leute mehr Geld.
Aber dadurch werden oft die Preise teurer.
Also ist das Land schlecht in diesem Ziel.
Dann will das Land die Preise billiger machen.
Aber dadurch wächst die Wirtschaft nicht mehr.

Das Magische Vier·eck ist wie ein nerviges Spiel.
Es fängt immer wieder von vorne an.
Du kannst es nicht gewinnen.
Denn du schaffst nie alle 4 Ziele gleichzeitig.
Deswegen heißt es magisch.
Zum Gewinnen musst du zaubern können.

Global·isierung

Das hat damit zu tun:
– Frei·handels·abkommen
– Protektion·ismus
– Markt·wirtschaft

Das Wort hat zwei Teile.

Der erste Teil von dem Wort ist: Global.
Das heißt: die ganze Welt.

Der zweite Teil von dem Wort ist: isierung.
Das heißt: Eine Sache wird gemacht.

Was ist Global·isierung?
Früher war das Reisen sehr schwierig.
Denn es gab keine Autos und keine Flug·zeuge.
Die Reisen waren lang und teuer.
Heute ist das anders.
Denn heute gibt es Autos und Flug·zeuge.
Damit kann man schnell in ferne Länder reisen.
Und die Reisen sind viel billiger als früher.
Heute gibt es mehr Austausch zwischen Ländern.
Zum Beispiel: Waren und Material und Geld.
Aber auch: Menschen und Ideen und Nachrichten.

Vor der Globalisierung haben die Leute gedacht:
– Die Welt ist riesig.
– Das andere Ende von der Welt ist sehr weit weg.
Heute denken die Leute:
– Die Welt ist gar nicht so groß.
– Ich kann morgen ans andere Ende der Welt fliegen.

Was sind die Vorteile von der Globalisierung?
Heute wissen die Leute mehr über ferne Länder.
Und Firmen können viel mehr Sachen verkaufen.
Und die Leute können besser zusammen arbeiten.
Sie helfen sich gegenseitig und erfinden tolle Sachen.

Was sind die Nachteile von der Globalisierung?
Manche Firmen nutzen die Globalisierung aus.
Sie suchen sich ein Land mit wenig Regeln.
Oder sie ziehen mit ihrer Firma in ein armes Land.
Weil sie den Leuten da nur wenig bezahlen müssen.
Aber sie verkaufen ihre Sachen in einem reichen Land.
Das ist gemein für die Firmen im reichen Land.
Und es ist gemein für die Leute im armen Land.

Wann musst du Steuern bezahlen?

Kapital·ertrag·steuer

Das hat damit zu tun:
– Kapital·rendite
– Steuer·vermeidung
– Kapital·flucht

Das Wort hat drei Teile.

Der erste Teil von dem Wort ist: Kapital.
Hier heißt es nur: Geld.

Der zweite Teil von dem Wort ist: Ertrag.
Das ist das Geld fürs Verkaufen von Sachen.
Zum Beispiel: Eine Firma verkauft Blumen.
Dann kriegt die Firma für jede Blume Geld.
Dieses Geld ist der Ertrag.

Der dritte Teil von dem Wort ist: Steuer.
Vielleicht hast du eine Arbeit.
Dann kriegst du dafür Geld.
Davon musst du einen Teil an den Staat abgeben.
Das sind die Steuern.
Von den Steuern baut der Staat zum Beispiel: Straßen.
Wann musst du Steuern bezahlen?
Wenn du mehr als ein bisschen Geld verdienst.

Was ist Kapital·ertrag·steuer?
Vielleicht hast du schon viel Geld.
Dann kannst du Aktien kaufen.
Das sind kleine Teile von anderen Firmen.
Manchmal steigen die Preise von den Aktien.
Dann kannst du die Aktien wieder verkaufen.
Dann hast du mehr Geld als vorher.
Obwohl du gar nicht gearbeitet hast.
Man sagt: Das Geld hat für dich gearbeitet.
Auch dafür musst du Steuern bezahlen.
Diese Steuer heißt: Kapital·ertrag·steuer.
Denn dein Kapital hat einen Ertrag gebracht.

Einfacher gesagt: Dein Geld hat Geld verdient.
Also muss dein Geld auch Steuern bezahlen.

Wenn du mehr als ein bisschen Geld verdienst.

Dumping

Das hat damit zu tun:
– Freihandels·abkommen
– Protektion·ismus
– Wettbewerbs·verzerrung

Das Wort hat nur einen Teil.
Es kommt aus der Sprache Englisch.
Diese Sprache sprechen sehr viele Leute auf der Welt.
Auf Deutsch heißt es: etwas hin·werfen.
Aber hier heißt es was anderes.

Was ist Dumping?
Hier heißt es: Eine Firma verkauft Sachen sehr billig.
Manchmal will eine Firma viele Sachen verkaufen.
Dann macht die Firma ihre Sachen sehr billig.
Die Leute denken dann: Das ist ein Schnäppchen!
Und sie kaufen die billigen Sachen.
So verkauft die Firma besonders viele Sachen.

Warum macht man das?
Vielleicht gibt es sehr viele Firmen.
Und alle stellen das Gleiche her.
Dann versucht eine Firma einen Trick.
Sie macht ihre Preise sehr billig.
Vielleicht verdient sie dann gar kein Geld mehr.

Aber die Leute kaufen alle bei dieser Firma.
Weil die Sachen so billig sind.
Bei den anderen Firmen kauft dann keiner mehr.
Bald sind die anderen Firmen pleite.
Dann kann die Firma ihre Preise wieder teuer machen.
Weil die anderen Firmen alle pleite sind.
Der Trick ist gemein für die anderen Firmen.

Manchmal macht auch ein ganzes Land den Trick.
Dann gibt es den Firmen im Land extra Geld.
Diese Firmen können dann billiger Sachen herstellen.
Die billigen Sachen verkaufen sie im Ausland.
Aber die Firmen im Ausland kriegen kein extra Geld.
Also haben die Firmen im Ausland Pech gehabt.
Denn die Leute kaufen am liebsten billig.

Lohn·stück·kosten

Das hat damit zu tun:
– Lohn·stagnation
– Mindest·lohn
– Arbeits·teilung

Das Wort hat drei Teile.

Der erste Teil von dem Wort ist: Lohn.
Das ist das Geld fürs Arbeiten.

Der zweite Teil von dem Wort ist: Stück.
Das heißt: ein Teil von einer Sache.
Zum Beispiel: ein Stück Pizza.

Der dritte Teil von dem Wort ist: Kosten.
Das ist der Preis von einer Sache.

Was sind Lohn·stück·kosten?
Das sind die Kosten fürs Herstellen von einer Sache.
Diese Kosten sind für den Käufer egal.
Aber für die Firma sind sie wichtig.
So rechnet man die Lohn·stück·kosten aus:
– Wie viel muss die Firma für einen Arbeiter zahlen?
– Wie viel stellt ein Arbeiter für die Firma her?

Zum Beispiel: Eine Firma stellt Tische her.
Der Arbeiter kostet die Firma 3000 Euro im Monat.
In einem Monat baut der Arbeiter 10 Tische.
Dann teilt man die 3000 Euro durch die 10 Tische.
Raus kommt: 300 Euro.
Das sind die Lohn·stück·kosten für einen Tisch.
Jetzt weiß die Firma:
– So viel kostet ein Arbeiter.
– Wenn er mir einen Tisch baut.
Dann kann sie das mit anderen Firmen vergleichen:
– Sind meine Arbeiter teuer oder billig?

Wie macht man die Lohn·stück·kosten billiger?
Zum Beispiel: Die Firma zahlt den Arbeitern weniger.
Oder sie sagt: Ihr müsst schneller arbeiten!
So werden die Lohn·stück·kosten billiger.
Aber vielleicht passieren dann mehr Fehler.
Dadurch werden die Tische schlechter.
Oder die Arbeiter kriegen zu wenig Geld.
Dann kündigen sie bei der Firma.
Dann hat die Firma Pech gehabt.

Wirtschafts·wachstums·zwang

Das hat damit zu tun:
– Globalisierung
– Kapital·akkumulation
– Lohn·stagnation

Das Wort hat drei Teile.

Der erste Teil von dem Wort ist: Wirtschaft.
Das heißt: Etwas hat mit Geld zu tun.

Der zweite Teil von dem Wort ist: Wachstum.
Das heißt: Etwas wird größer oder mehr.
Zum Beispiel: Ein Baum wächst und wird größer.

Der dritte Teil von dem Wort ist: Zwang.
Das heißt: Du musst etwas machen.
Auch wenn du es gar nicht willst.

Was ist Wirtschafts·wachstums·zwang?
Das heißt: Die Wirtschaft muss immer weiter wachsen.
Die Firmen müssen immer mehr Geld verdienen.
Und die Menschen müssen immer mehr kaufen.
Das ist wie ein Spiel.
Aber das Spiel hört nie auf.

Warum gibt es Wirtschafts·wachstums·zwang?
Der Kapitalismus sagt: Wachstum ist wichtig.
Dann verdienen alle Firmen mehr Geld.
Und dann sind alle glücklich.
Ohne Wachstum sind alle arm und traurig.

Wo ist das Problem?
Es ist ein Zwang: Alle müssen mitmachen.
Auch wenn sie gar keine Lust auf Wachstum haben.
Dafür müssen die Firmen immer neue Sachen erfinden.
Sonst sagen die Leute: Das alte Ding kaufe ich nicht!
Manche Leute sagen: Mit Wachstum wird alles besser!
Andere Leute sagen: Wir können nicht ewig wachsen!
– Sonst werden die Menschen und die Umwelt krank.
– Dann wird auch die Wirtschaft krank.
– Und dann ist auch der Kapitalismus krank.
Wir müssen auch ohne Wachstum glücklich sein!
Die Freunde vom Kapitalismus sagen dann:
– Das wird schon gut gehen!
– Denn die Firmen erfinden immer neue Lösungen.
– Auch für das Problem mit der Umwelt.
– Aber dafür brauchen wir noch mehr Wachstum.

Prekariat

Das hat damit zu tun:
– Lohn·stagnation
– Mindest·lohn
– Sozial·abbau

Das ist ein neu erfundenes Wort.
Es ist eine Mischung aus zwei anderen Worten.

Das erste Wort ist: prekär.
Das heißt: Etwas ist nicht sicher.

Das zweite Wort ist: Proletariat.
Das ist die Gruppe von allen Arbeitern.
Den Arbeitern gehören keine Firmen oder Maschinen.
Das Wort ist schon alt.
Aber Karl Marx hat es neu entdeckt.
Der hat viel über die Wirtschaft nachgedacht.
Er hat gesagt: Alle sollen genug zum Leben haben.
– Aber im Kapitalismus klappt das nicht.
– Deswegen ist der Kapitalismus schlecht.
Karl Marx ist schon tot.

Was ist das Prekariat?
Das ist eine Gruppe von Menschen.
Diese Menschen haben keine sichere Arbeit.

Vielleicht können sie morgen zur Arbeit gehen.
Vielleicht aber auch nicht.
Oft sind diese Menschen nicht glücklich.
Sie wollen lieber eine sichere Arbeit.
Dann haben sie weniger Sorgen.

Warum gibt es das Prekariat?
Im Kapitalismus sollen die Firmen immer wachsen.
Und sie sollen immer mehr Geld verdienen.
Das ist schwer für die Firmen.
Deswegen sagen manche Firmen:
– Manchmal gibt es viel zu tun.
– Dann sollen die Arbeiter kommen.
– Aber manchmal gibt es nur wenig zu tun.
– Dann sollen die Arbeiter zu Hause bleiben.
– Und dann kriegen die Arbeiter auch kein Geld.
Für die Firma ist das gut.
Denn sie spart Geld.
Aber für die Arbeiter ist das schlecht.
Denn sie haben keine sichere Arbeit.

Warum ist das ein Problem?
Die Leute im Prekariat haben oft Angst.
Deswegen sind sie öfter krank.
Oder sie sind wütend.
Dann machen sie einen Aufstand.

Originalausgabe
Veröffentlicht im Rowohlt Verlag, Hamburg, November 2023
Copyright © 2023 by brand eins Verlag Verwaltungs GmbH, Hamburg
Lektorat Gabriele Fischer, Holger Volland
Faktencheck Katja Ploch
Projektmanagement Hendrik Hellige, Daniel Mursa
Covergestaltung Mike Meiré / Meiré und Meiré
Satz aus der Sabon bei Pinkuin Satz und Datentechnik, Berlin
Druck und Bindung GGP Media GmbH, Pößneck
ISBN 978-3-98928-008-3

Die Rowohlt Verlage haben sich zu einer nachhaltigen Buchproduktion verpflichtet. Gemeinsam mit unseren Partnern und Lieferanten setzen wir uns für eine klimaneutrale Buchproduktion ein, die den Erwerb von Klimazertifikaten zur Kompensation des CO_2-Ausstoßes einschließt.
www.klimaneutralerverlag.de